Ursula Haller

Mit dem Bauchgehirn zum Erfolg

So nutzen Sie mit der Silva-Methode®
die unbegrenzten Fähigkeiten Ihres Bauchgehirns

Die Autorin bedankt sich herzlich bei Gisela Mihailescu, die ihr geholfen hat, ihre Gedanken und ihr Wissen zu Papier zu bringen und ihr als Lektorin zur Seite gestanden hat.

Informationen über die Silva-Methode® und Buchbestellung im
Institut Haller, Neubaustraße 26, 4400 Steyr, Austria
Telefon 0043 7252 45136 · Fax 0043 7252 485254 · E-Mail: office@silva-meth.at

ISBN 3-9500819-1-7

1. Auflage 2003

Verlag Ursula Haller
Neubaustraße 26, 4400 Steyr, Austria

Gesamtproduktion: bleifrei · cross media production · steyr
gesetzt in „Stone Serif" 10 Punkt, Headlines in „The Sans"
gedruckt auf holzfreiem, chlorfrei gebleichtem Werkdruck 80 gr/m²

Inhalt

Warum unser Bauch intelligent ist

Endlich ist den Neurobiologen der Durchbruch gelungen. Jahrelanges Forschen im Stillen brachte es ans Licht: Jeder Mensch hat ein eigenständig funktionierendes Nervensystem im Darm – das „Bauchgehirn". Es funktioniert wie ein sehr kluges zweites Gehirn. Wer es richtig nutzt, hat Zugang zu großen, brachliegenden Potenzialen.

Schweißgebadet wacht Brigitte S. mitten in der Nacht auf. „War das nur ein böser Traum oder eine Botschaft?", überlegt sie. Die 34-Jährige ist im siebten Monat schwanger und träumte, dass ihr ungeborenes Kind weint. Sie beruhigt sich und schläft wieder ein. Doch am frühen Morgen erinnert sie sich an ihren Traum und spürt ein starkes, bislang ungekanntes Gefühl in sich hochsteigen. Ihr Kind hat ihr in der Nacht die Botschaft vermittelt: „Hilf mir, ich bin in Not!"
Brigitte S. fühlt, dass sie handeln muss. „Es war reine Intuition, ein ganz starkes inneres Wissen, dass mein Kind in Gefahr war", erinnert sie sich. Ohne weiter zu überlegen, packt sie einen kleinen Koffer und fährt zu ihrem Gynäkologen, dem sie ihre Sorgen eindringlich schildert. „Das muss ich wohl so vehement getan haben", sagt sie, „dass er mich ohne Diagnose und ersichtlichen Befund sofort in die Klinik einwies."

Dort stellen die Ärzte fest, dass Brigitte S. Wehen hat, ohne sie bemerkt zu haben. Eine Frühgeburt droht! Bereits nach einer Stunde wird es dramatisch: Die Plazenta löst sich ab, Brigitte S. muss sofort notoperiert werden. Kaiserschnitt! In letzter Minute wird das Kind auf die Welt geholt. Die Mutter verliert sehr viel Blut und muss wiederbelebt werden. Wäre Brigitte S. nicht so schnell in die Klinik gekommen, wäre es für das Kind, aber auch für sie zu spät gewesen. „Weil ich auf meine innere Stimme gehört habe“, blickt sie dankbar auf dieses Erlebnis zurück, „habe ich meiner Tochter und mir das Leben gerettet.“

Was war geschehen? Brigitte S. vertraute ihrer Intuition, die sie als gefühlsmäßiges Wissen intensiv wahrgenommen hatte. Sie spürte, dass es um Leben oder Tod ging und handelte spontan, ohne mit ihrem Kopf rational weiter darüber nachzudenken. Das war ihr Glück im Unglück.
In unserer Gesellschaft ist es üblich, Entscheidungen mit „kühlem Kopf“ und „klarem Verstand“ zu treffen und das Für und Wider rational abzuwägen. Dabei kann eine intuitive Eingebung schicksalhaft sein – wie das obige Beispiel zeigt. Doch Kopfgedanken, Stress und Hektik übertönen in der Regel intuitive Eingebungen, die jeder Mensch hat und die meistens als innere Stimme vage in der Bauchgegend wahrgenommen werden – im sogenannten „Bauchgehirn“.

Das Geheimnis dieses „zweiten Gehirns“ zu lüften, ist schon seit langer Zeit Forschungsziel vieler Wissenschaftler. Es geht dabei um eine 100-jährige geschichtsträchtige Forschung, immer wieder durchzogen von Misstrauen, Verdrängungen, Vergessen, Verwerfungen und Tabus. Trotzdem hat es die Wissenschaftler nicht losgelassen, weiterzuforschen bis zu

diesem neuen großen Durchbruch, der sehr eindrucksvoll in Michael Gershon's Buch: „Der kluge Bauch – Die Entdeckung des zweiten Gehirns" nachzulesen ist. Gershon, ein amerikanischer Neurobiologe am Medical Center in New York, gilt als Initiator einer neuen Forschungsrichtung, der so genannten Neurogastroenterologie, welche die Entwicklung und Funktionsweise des „zweiten Gehirns" enträtselt.
Der Neurowissenschaftler Paul Trendelenburg – nur einer von rund 300 weltweiten Forschern in Sachen Bauchgehirn – machte die bahnbrechende Entdeckung: Der Bauch im Körper von Mensch und Tier ist tatsächlich ein eigenständig funktionierendes Organ. Die Erkenntnis „Da ist ein Gehirn in unserem Bauch" klingt geradezu verrückt. Aber jetzt wurde bewiesen, dass in unserem Bauch ein völlig autonomes Nervensystem agiert, das nicht von anderen körperlichen Kontaktstellen abhängig ist. Selbst wenn die Nervenbahnen zum Gehirn getrennt werden, arbeiten die Nervenzellen im Bauch selbstständig weiter. Es existieren darin 100 Millionen Nervenzellen und mehr Neuronen als im gesamten Rückenmark. Unser Bauchgehirn ist ein exaktes Abbild unseres Kopfgehirns. Zelltypen, Wirkstoffe und Rezeptoren sind mit diesem identisch.
Das neu entdeckte Bauchgehirn nährt das Gehirn im Schädel auf vielerlei Weise und ist somit ein Überlebensgarant für Leib und Seele. Dabei bilden das Rückenmark und der Vagus als zehnter Gehirnnerv und Hauptvertreter des vegetativen Nervensystems eine Art Standleitung.

Unser Bauch ist ständig mit unserem Kopf in Kommunikation, um ihm lebenswichtige Informationen bewusst zu machen. Er leistet eine ungeheure Arbeit. Für alles, was wir essen, werden Millionen chemischer Substanzen zur

Verdauung benötigt und gebildet. Die Bauchgehirn-Zellen sind hellwach. Sie spüren sofort, wenn sich Gifte und Gefahren im Körper breit machen. Dabei ist es unwichtig, ob es sich um Nahrungsgifte handelt oder um Gefahren durch unser Denken. Durch alles, was wir denken, werden chemische Botenstoffe produziert, die sich überall in unserem Körper verteilen. Chronische Angst beispielsweise lässt Zellen im Bauchgehirn absterben – es wird geschwächt.
Das Bauchgehirn sendet sofort Alarmsignale zum Kopfgehirn. In Notsituationen sollte sich der Mensch der Bauch-Informationen bewusst sein, damit er sich dementsprechend verhält. Diese Kommunikation geschieht in Bruchteilen von Sekunden. Der Betroffene denkt nicht erst darüber nach, wieso, weshalb, warum ihm schlecht ist und er Krämpfe hat. Er spürt, dass er erbrechen oder sich entleeren muss und er tut es unwillkürlich.

Die Wissenschaft erklärt altes Wissen

Der Wissenschaftler Michael Schemann erforscht die „Neurotransmitter-Cocktails“ im Verdauungstrakt. Neurotransmitter sind chemische Botenstoffe, die an den Synapsen (Umschaltstellen im Nervensystem) die Erregungsübertragung garantieren. Schemann beschäftigt die Frage, ob bei Kranken möglicherweise die Kommunikation zwischen Bauch und Kopf gestört ist. Sein großes Interesse: Er will den „Code“ des peristaltischen Reflexes knacken, um etwa bei Verstopfung oder auch Darminfarkten gezielter eingreifen zu können.
Die beiden Forscher Bayliss und Starling stellten fest, dass der Mund, Teile der Speiseröhre und der Magen sich noch vom

Kopfgehirn dirigieren lassen. Doch hinter dem Magenausgang übernimmt dann das Bauchgehirn die Regie. Erst am Rektum (Mastdarm) und Anus regiert das Kopfgehirn durch bewusste Steuerung wieder mit.
Die Wissenschaftler forschen, um das Unerklärliche, das immer wieder ins Mystische gedrängt wird, aufzuklären. Gleichzeitig geht es darum, neue medizinische Erkenntnisse über das Geheimnis Mensch zu erfahren.
Aber ist dieses Wissen nur den Wissenschaftlern vorbehalten? Ich habe mit vielen älteren Menschen gesprochen, auch innerhalb meiner Familie, und erfuhr beispielsweise von meiner Großmutter, dass sie bei wichtigen Entscheidungen immer ihre Magengrube gespürt habe und je nach Gefühl ein klares Nein oder Ja empfand und dann danach handelte. Sie zeigte mir mit ihrer Hand die Stelle, wo sie das fühlte und legte diese unterhalb des Nabels auf. Für mich ist klar, dass jeder Mensch diesen Zugang hat.
Fragen Sie sich selbst: Wie oft haben Sie Ihren Bauch ignoriert und dadurch Fehlentscheidungen getroffen und waren dann anschließend deswegen unglücklich oder verärgert? Aber auf wen denn? Auf die schief gelaufene Situation? Haben Sie Ihr Scheitern je in Bezug zu sich selbst und Ihren eigenen Gefühlen gesehen?
Werden Menschen gefragt, wo sie Freude, Kummer, Liebe oder Leid fühlen, zeigen sie auf verschiedenste Körperstellen und jeder nennt es anders: die einen Seele, die anderen Solarplexus, Hara-Zentrum oder Chakra. Tatsache ist: Jeder trägt dieses uralte Wissen in sich.

Neue Horizonte in der Forschung

Wenn Gershon von neuen Horizonten spricht, meint er damit die Entschlüsselung der innigen Kommunikation zwischen den beiden Gehirnen. Indizien für eine Verbundenheit von Bauch und Kopf gibt es seiner Ansicht nach genug. Beide sprechen die gleiche Sprache. Was dem Gehirn geschieht, bleibt dem Bauch nicht verborgen.

Es hat sich gezeigt, dass psychotherapeutische Medikamente für den Kopf auch auf den Darm wirken und umgekehrt. Möglicherweise lassen sich auch so viele nicht erkannte oder befundlose Darmkrankheiten dadurch erklären, dass sich im Dialog zwischen oben (Kopf = „Oberstübchen") und unten (Bauch = „Unterstübchen") ein Fehler oder ein Missverständnis eingeschlichen hat.

Es gibt nachweislich kein Gleichgewicht der Nervenstränge zwischen Kopf und Bauch. Es gehen wesentlich mehr Nervenstränge vom Bauch zum Gehirn als umgekehrt. Gershon zieht daraus den Schluss, dass die Nachrichten von unten nach oben wichtiger sind als umgekehrt.

Obwohl die Botschaften vom Darm allgegenwärtig sind, nehmen wir sie nicht bewusst wahr. Die meisten Entscheidungen könnten rein aus dem Bauch heraus gefällt werden. Aber trotz diesem spontanen Bauchgefühl sammeln wir mit dem Kopf rationale Gründe für unseren tatsächlichen Entschluss, der sich dann später oft als falsch erweist, da er nicht der Information des Bauchgehirns entspricht.

Angst muss in diese Betrachtungsweise unbedingt mit einbezogen werden, denn sie hinterlässt physische Spuren. Prüfungsängste oder auch andere Ängste und aufregende Situationen verursachen Schmerzen in der Leibesmitte, der

sogenannten Magengrube. Unsere Gehirnzentrale im Kopf empfängt diese Botschaft von Anspannung und Angst und schüttet Entzündungsstoffe wie Histamin in den Verdauungstrakt, der dadurch aktiviert wird. Diese wiederum veranlassen die Muskelzellen, sich zusammenzuziehen. Krämpfe oder Durchfall sind die Folge.
Vielfach habe ich erlebt, wie erkrankte Kleinkinder einen Tag vor dem Arztbesuch enorme Bauchschmerzen und eine innere Unruhe verspürten. Sie hatten Angst und ihr Körper produzierte entsprechend wirksame chemische Botenstoffe. Die Eltern waren oft rat- und fassungslos, denn diese Kinder hatten keine bewusste Information über den bevorstehenden Arztbesuch. Der Bauch weiß eben schon im Voraus, was kommt, er hat die Daten. Und die Kinder reagieren entsprechend darauf.

Jeder Mensch kennt das Gefühl der Angst. Wenn sie aber so mächtig wird, dass sie einen nicht mehr loslässt und zu einem chronischen Zustand wird, dann handelt es sich um ein festgefahrenes Gedankenmuster, das sich durch immer wiederkehrende Einprägung manifestiert hat. Dadurch werden Zellen geschädigt oder gar zerstört.
Sehr früh erfahrener Lebensstress ist eingebrannt in Gehirn und Bauch und beeinflusst in genau dieser Richtung die Sensibilität der Darm-Hirn-Achse für das gesamte Leben.
Der Forscher Schemann sagt: „Wir finden im Darmbereich die gleichen Substanzen und Moleküle, die im Gehirn für die Erinnerung benutzt werden. Frühe Erfahrungen des Darms können so die Persönlichkeit beider Gehirne beeinflussen."
Wo aber entsteht Stress? Kommen Angst und Schwermut aus dem Darm oder aus dem Kopf? Ist die Macht des Körpers eine verkannte Kraft des Geistes, die über unserem Verstand steht?

Der amerikanische Gehirnforscher Antonio Damasio sagt, dass es im Frontalbereich unseres Denkorgans Gehirn ein Areal gibt, in dem sich der aktuelle Körperzustand darstellt. In dieser Region findet sich eine gebündelte Momentaufnahme, gewissermaßen ein Body-Status all dessen, was weit unterhalb des Kopfes, und vor allem im Bauch vor sich geht. Damasio kommt zu dem Schluss, dass dieser Body-Status die Vorstellungsbilder und Gedanken begleitet und definiert sie als angenehm oder unangenehm. Diese sogenannten somatischen Marker seien die Grundlage der Entscheidung. Ist dieser Gehirnbereich jedoch gestört, wird trotz hoher Intelligenz keine Entscheidung möglich, da die mit der Entscheidung verbundenen Bauchgefühle uns nicht mehr eindeutig und klar beraten und führen.

Längst lachen Gehirnforscher nicht mehr über den Begriff der Intuition, die im Volksmund auch als sechster Sinn bezeichnet wird. Das Lexikon definiert Intuition als „schnelle Wahrnehmung der Wahrheit ohne bewusste Aufmerksamkeit oder Vernunft", als „Wissen aus dem Innern", als „instinktives Wissen oder Gefühl, verbunden mit einer klaren und konzentrierten Sichtweise". Das Wort „Intuition" leitet sich aus dem Lateinischen „intuere" ab, „etwas betrachten".

Intuition meldet sich in unserem Bauchgehirn. Wir spüren sie in der Magengegend, dem sogenannten Solarplexus, einem Nervengeflecht im Oberbauch, auch Sonnengeflecht genannt. Wer kennt nicht das Gefühl der Vor- und Wiedersehensfreude bei frisch Verliebten? Durch das Denken an den anderen und die dadurch produzierten Botenstoffe können wir jederzeit die berühmten Schmetterlinge im Bauch aktivieren und wach halten. Das Bauchgehirn sendet in diesem

Fall die abgespeicherten Erfahrungen aus der Gefühlswelt. Das sind sogenannte subjektive Beziehungspunkte, weil sie jeder Mensch anders empfindet.

Im negativen Sinne funktioniert das genauso: Das Bauchgehirn reagiert unmittelbar auf äußere Reize. Wir spüren ganz deutlich im Bauchraum, wenn uns ein Mensch begegnet, den wir nicht sympathisch finden, den wir nicht riechen können oder der uns gar Angst macht. Die unmittelbare Botschaft fühlen wir immer spontan in der Magengrube. Meistens jedoch hören wir nicht auf diese Information, sondern würgen sie mit unserem kopfgesteuerten Verstand ab. Er/sie sieht doch eigentlich ganz nett aus, meldet unser Kopfgehirn und darauf hören wir dann.
Die etablierte Wissenschaft geht derzeit davon aus, dass aus dem Bauch lediglich Erfahrungswerte von bereits Erlebtem, also längst abgespeicherten Informationen hochsteigen und nichts von uns bis dato Unbekanntem.
Was aber ist dann mit den Träumen? Vor allem mit den bewiesenen, präkognitiven (vorhersehenden) Träumen? Während der jeweiligen REM-Phase (Rapid Eye Movement = Traumzustand, indem sich die Augen unter den Lidern schnell bewegen) beobachten Schlafforscher ein bewegtes Innenleben des Träumenden. Nicht nur die Augen bewegen sich, sondern auch andere Teile des Körpers. Träumt der Darm also mit?
Tag und Nacht ist das Bauchgehirn aktiv im Einsatz, es sendet uns immerzu Informationen. Nur: In unserer kopfgesteuerten Gesellschaft nehmen wir diese nicht wahr. Sie gelten als etwas Irrationales. Intellektuell aufgeschlossene Menschen benutzen ihren wachen Verstand und lassen sich nicht von solch „kopflosen“ Empfindungen leiten.

Gestresste Menschen – und das sind heute die meisten – registrieren mehr und mehr, dass sie aus dem inneren Gleichgewicht geraten sind. Irgendwie ist alles durcheinander und es gelingt ihnen trotz aller Bemühungen und unter vollem Einsatz des rationalen Denkens nicht, ihre innere Mitte wieder zu finden.

Vertrauen Sie Ihrer inneren Stimme

Allein durch Aufklärung geschieht ein Umdenken. Die Bauchgehirn-Experten sagen heute bereits mehrheitlich und lautstark: „Es gibt die Weisheit des Bauches." Wer sie trainiert und sich zunutze macht, trifft immer weniger Fehlentscheidungen. Wie oft höre ich Menschen sagen: „Ich habe doch gewusst, dass dies oder jenes falsch war, ich habe es gespürt. Warum habe ich trotzdem anders entschieden?"
Das NEIN in unserem Innern wird so oft ignoriert, wenn der Kopf JA denkt. Dabei ist es meistens so, dass das JA im Kopf an der richtigen Entscheidung vorbeimarschiert. Wenn Sie im Nachhinein erkennen, dass Ihre Entscheidung Ihnen Ärger und/oder Verlust eingebracht hat und alles noch einmal gedanklich durchgehen, dann erinnern Sie sich sicherlich an die leise Information, die Sie ursprünglich in die richtige Richtung gewiesen hat. Für eine Korrektur ist es jetzt zu spät.

Sollten Sie sich hier angesprochen fühlen, dann bedarf es unbedingt eines Umdenkens. Denn: Gedanken sind Energie und obwohl nicht sichtbar, sind sie dennoch wirksam. Verknüpfen Sie diese mit den spontanen Informationen aus dem Bauchgehirn, treffen Sie für Ihr Leben die richtigen Entscheidungen.

Die mir so oft gestellte Frage, ob das möglich ist, kann ich aufgrund meiner jahrelangen Praxis mit einem klaren JA beantworten.
Vollziehen müssen Sie dafür den wichtigen Umkehrschritt vom Kopf zum Bauch. Was hält Sie davon ab? Haben Sie Zweifel? Denken Sie, es klappt ja doch nicht? Wenn Sie so denken, hat das nur mit einer tief eingebrannten negativen Erwartungshaltung zu tun. Dahinter verbirgt sich das Gefühl, dass Sie allem, was Ihnen geschieht, ausgeliefert sind. Sie glauben fest daran, keine Wahl zu haben, fühlen sich als Opfer und mit den Jahren resignieren Sie mehr und mehr. Sie zählen sich dann zu den Versagern und sogenannten Pechvögeln. Ein solches Leben macht traurig und mit der Zeit depressiv. Sie werden krank und alt und schließlich sehnen Sie sich danach, dass die Bürde des Lebens ein Ende hat.

Beginnen Sie wieder zu lernen

Geben Sie sich einen Ruck, kommen Sie heraus aus Ihrer Trägheit, die sicherlich vordergründig bequem scheint, und beginnen Sie mit dem Tun. Aktivieren Sie dabei nicht wieder das Gefühl des Versagens, das Ihnen lediglich als Alibifunktion dient für Nichthandeln.
Deshalb ist es mein Wunsch, Sie zu beflügeln: Beginnen Sie wieder zu lernen. Lernen heißt, dass wir uns ständig neu erschaffen, dass wir Fähigkeiten erwerben, die uns vorher fremd waren. Lernen heißt, dass wir die Welt mit anderen Augen betrachten, unsere Kräfte und Fähigkeiten neu entfalten und an der Weiterentwicklung der Welt teilhaben. Lernen heißt lebendig sein mit aller Geisteskraft und

Intuition. Lernen heißt, die emotionale Intelligenz wahrzunehmen und anzuwenden.
Bewegen Sie sich und Ihren Geist. Es geht um Ihr Leben und Sie wollen glücklich sein. Stellen Sie sich den Aufgaben des Lebens und meistern Sie diese mit all ihren Sinnen. Eröffnen Sie sich den Zugang zu Ihrem Geist, denn das bringt Sie näher zu sich selbst.

Lernen Sie, Ihre Informationen aus dem weisen Bauchgehirn gefühlsmäßig aufzunehmen. Registrieren Sie diese dann im Kopf und akzeptieren Sie sie. In dem Moment wird das Gefühl (= subjektiver Beziehungspunkt) mit dem Intellekt (= objektiver Beziehungspunkt) verknüpft. Sie haben wie jeder andere Mensch ein Bauchgehirn und ein Kopfgehirn mit zwei Gehirnhälften. Lernen Sie also, diese zusammenzubringen und danach zu handeln. Erschaffen Sie sich Ihr Leben tagtäglich neu. Was in die eine Richtung geht, funktioniert auch in die andere.
Alle erfolgreichen Menschen und Genies dieser Welt nutzen ihre beiden Gehirne in einer Geschwindigkeit, dass sie noch nicht einmal realisieren, wie sehr sie sich davon leiten lassen. Warum also nicht auch Sie? Verwehren Sie Ihrem Bauchgehirn nicht länger das Mitspracherecht. Es sitzt in der Mitte Ihres Körpers. Finden Sie Ihre Mitte, Ihre Ruhe, Ihre Sicherheit.

Alle Erfahrungen unseres Lebens bleiben abgespeichert. Kommen wir also im Leben wieder in ähnliche Situationen, erinnern wir uns. Wir rufen diese gespeicherten Erfahrungen der Vergangenheit ab und transportieren sie erneut in die augenblickliche Realität. Damit aktivieren wir immer wieder aufs Neue vergangene Erfahrungen. Und da heraus ergibt sich dann immer wieder ein und derselbe Kreislauf ohne Ende. Wir lassen dabei unberücksichtigt, dass wir uns weiterentwickelt haben und gar nicht mehr der Mensch von damals sind. So gesehen, ist die Entscheidung oder Handlung, die wir mit einem vergangenen Geschehen verbinden, heute gar nicht mehr stimmig.

Wenn wir altes Wissen, alte Erfahrungen mit einem neuen Geschehen zu unserem Nutzen einsetzen wollen, funktioniert das nur, wenn wir das Bauchgehirn mit einbeziehen. Es informiert uns zu jeder Zeit mit der Jetzt-Lösung einer Situation und sendet keine abgespeicherten Verhaltensweisen. Es gibt immer der neuen Situation zukunftsorientierte Hinweise.

Wie nutze ich mein Bauchgehirn?

Wäre es nicht wunderbar, ja geradezu genial, wenn der Mensch einen Weg aus seiner Sackgasse herausfinden würde und sich stattdessen das innere Bewusstsein direkt zugänglich und verfügbar machen könnte? Und das bei absolut klarem Verstand und völliger Wachheit? Denn nur im Wachzustand ist es möglich, jede Information und Nachricht als solche zu erkennen und durch sofortiges Tun rational umzusetzen.

Es wäre das Ende aller Fragen: Soll ich, soll ich nicht, soll der Konzern im Land X oder Y investieren oder der Vertrag eines Managers verlängert werden? Welche Wohnung soll gemietet oder gekauft, welche Reise gebucht werden? Vorbei wäre die Zeit des Bangens auf rettende oder zündende Ideen, vorbei die Ratlosigkeit und das Warten auf präkognitive Träume.

Solche vorhersehenden Träume sind zwar nichts anderes als das Wissen in einem selbst und damit eine sichere Informationsquelle, allerdings müssten wir erst einmal einschlafen. Dafür ist die Nacht vorgesehen, aber Entscheidungen müssen am Tag getroffen werden und häufig kurzfristig. Sie lassen sich also nicht unbedingt auf 24 Stunden später verschieben. „Unmöglich", sagen Sie? Nein, ist es nicht! Es gibt tatsächlich einen Zugang, die Zukunft schnell zu erfahren und sofort entsprechend zu handeln.

Wie Sie Ihre verstopfte Quelle wieder zum Sprudeln bringen, möchte ich Ihnen mit der Silva-Methode nahe bringen, die ich seit 1983 lehre.
José Silva kommunizierte schon als Kind auf der nonverbalen Ebene mit seinem Bauchgehirn. Spielerisch wie Kinder nun einmal sind, empfing er seine im Bauch gespürten Botschaften im Kopf-Gehirn und setzte die Ideen, die ihm kamen, sofort in die Tat um. Er handelte spontan, ohne über ein Wenn und Aber nachzudenken. Kinder haben den Vorteil, dass sie den „Gefährten" im Bauch nicht bewerten, vielmehr mit ihm eine lebendige innere Zwiesprache halten.

Die Erwachsenenwelt dagegen ist voller Bewertungen. Zum Beispiel ist das grundsätzliche Ablehnen von Neuem eine begrenzende Bewertung. Wie kann ein Mensch etwas ablehnen, das er noch gar nicht kennt oder ausprobiert hat? Für diese Ablehnung fehlt ihm doch jegliche Erfahrung.
Erlauben Sie sich, wieder einmal das Spielerische Ihres früheren Kindes hervorzuholen. Wecken Sie es auf und werden Sie wieder neugierig. Neugierig sein heißt doch, dass Sie gierig sind auf Neues. Denn nur das holt uns aus dem einschläfernden alltäglichen Trott heraus. Und das ist die Basis für ein erfolgreiches Leben.
Erfolgreich zu sein, bedeutet für jeden Menschen etwas anderes. Heute wird Erfolg vielfach mit Anerkennung durch andere verwechselt. Der Mensch ist dann abhängig davon, wie er von anderen gesehen und eingestuft wird. Entspricht sein Haus, sein Auto, seine Kleidung dem Image? Das ist dann ein ständiges Jagen nach Bestätigung von außen und hat nichts mit einem aus sich heraus souverän entscheidenden und handelnden Menschen zu tun.

Wer war José Silva?

José Silva wurde 1914 in der texanischen Kleinstadt Laredo geboren. Er war noch ein kleiner Junge als sein Vater starb. Seine Mutter stand über Nacht mit ihm und seinem jüngeren Bruder alleine da und geriet in große finanzielle Nöte. Oft spürte José die Verzweiflung seiner Mutter. Denn es war für sie als alleinstehende Frau mit zwei kleinen Kindern sehr schwer, in Texas den täglichen Lebensunterhalt zu verdienen. Der kleine José beschloss, seiner Mutter zu helfen. Er ging auf die Straße und putzte den Passanten die Schuhe. Wenn er andere Handlangerdienste bezahlt bekam, nahm er auch diese an. Das verdiente Geld brachte er am Abend freudestrahlend und voller Stolz seiner Mutter. Es waren für ihn jedes Mal glückliche Momente, wenn er dadurch die traurigen Augen seiner Mutter zum Strahlen brachte.

Trotzdem reichte das Geld vorne und hinten nicht. Darum war es für ihn unmöglich, jemals eine Schule zu besuchen. Er jobbte stattdessen immer mehr und erweiterte im Laufe seines Heranwachsens seine Interessensgebiete. José war begierig, im Leben viel zu lernen. Es sprach sich herum, dass er aufgeweckt und fleißig war, und so wurden seine

Jobs immer interessanter. Selbst wenn er am Anfang wenig Geld dafür bekam, lehnte er keine Arbeiten ab, bei denen er neue Erfahrungen machte. Vielleicht könnte er das neu Gelernte in seinem Leben einmal gebrauchen? Man konnte nie wissen!
Als er sich eines Tages dafür interessierte, wie man Radios repariert, belegte er einen Elektronik-Fernkurs und nahm eine Stelle in einer Radiowerkstatt an. Später machte er sich selbstständig und schon bald gehörte ihm das größte Reparaturgeschäft der Stadt.

José heiratete und gründete eine Familie. Es wurde eine sehr große Familie mit nicht weniger als zehn Kindern. Im Grenzgebiet zu Mexiko ist es selbstverständlich, Englisch und Spanisch zu beherrschen. Als seine beiden ältesten Kinder in die Schule kamen, bemerkte José sehr bald, dass sie mit dem Lernen der beiden Sprachen große Schwierigkeiten hatten. Wie konnte er ihnen helfen? Neugierig wie er war, begann er, sich für Hypnose zu interessieren. Er versetzte seine Kinder in Hypnose und speicherte ihnen in diesem Zustand alles wichtige Fachwissen ein. Er war überrascht, wie die Leistungen der Kinder in den Sprachen immer besser wurden. Es funktionierte, aber José konnte sich kein Bild davon machen, wie es funktionierte. Er wollte – wie immer – die Zusammenhänge begreifen und begann in der psychologischen Literatur nachzuforschen.
Dabei stieß er auch auf die Arbeiten des deutschen Arztes Hans Berger, der sich als erster Wissenschaftler mit Gehirnfrequenzen beschäftigt hatte und sie mit Hilfe eines Elektroenzephalographen aufzeichnete. Man hat die zuerst entdeckte Frequenz Alpha-Frequenz genannt.
José studierte diese Gehirnfrequenz penibel und fand bestätigt, was ihm schon früher immer wieder durch den

Kopf gegangen war: In einem bestimmten Ruhezustand ist der menschliche Geist für Informationen am aufnahmefähigsten.
Er entwickelte daraufhin eine Entspannungsmethode und setzte sie bei seinen Kindern ein. Dann übte er mit ihnen die beiden Sprachen. Das Ergebnis setzte ihn in Erstaunen. Denn die Leistungen der Kinder wurden gleichzeitig auch in allen anderen Fächern besser.
Er ging diesem Phänomen nach und tüftelte weiter. José begann, seinen Kindern auf der tieferen Entspannungsstufe Fragen zu stellen und war überrascht, dass er oft die Antworten erhielt, bevor er überhaupt gefragt hatte. Sein Pioniergeist in Sachen angewandter Tiefenpsychologie war längst geweckt. Er hatte etwas für ihn noch Unbekanntes entdeckt: Seine Kinder konnten Gedanken lesen!
Damit begann José Silvas Lebenswerk. Er wünschte sich, so vielen Menschen wie möglich diesen Zugang zu ihren versteckten Potenzialen zu eröffnen. Deshalb forschte er intensiv weiter und ließ sich dabei weder von Rückschlägen noch von Anfeindungen irritieren oder abhalten. José entwickelte eine systematische Methode mit vielen Techniken und nannte sie „Silva Mind Control". Die Silva-Methode war geboren und verbreitete sich rasch um die ganze Welt.

Als José im Alter von 70 Jahren sein erstes persönliches Seminar in Berlin hielt, stand ein sympathischer, optimistischer und dynamischer Mann auf dem Podium. Er war an ein Biofeedbackgerät angeschlossen und die Teilnehmer sahen und hörten live, wie José mit offenen Augen, lachend und frei sprechend, seine Gehirnfrequenzen willkürlich veränderte. Mal war er auf einer höheren, dann wieder auf einer niedrigeren Frequenz – der Alpha-Frequenz. Ganz wie er es wollte und steuerte. Es war für alle Teilnehmer ein prägendes Erlebnis, dieser faszinierenden Persönlichkeit begegnet zu sein. José Silva starb 1999 mit 85 Jahren in seinem Heimatort Laredo.

Mein Weg zu Silva-Mind

„WIR SIND DIE ARCHITEKTEN UNSERER EIGENEN GEDANKEN."
(JOSÉ SILVA)

Immer wieder spürte ich in vielen Lebenssituationen, dass andere Menschen mein tiefes inneres Gefühl der Verneinung oder Befürwortung einer Sache nicht nachvollziehen konnten. Ich handelte aber trotzdem entsprechend meines Gefühls, das vordergründig jeder Logik entbehrte und bekam später jedes Mal die Bestätigung für die Richtigkeit meiner getroffenen Entscheidung. Immer wieder wurde ich gefragt, wieso ich das so genau wissen konnte und wie und auf welche Weise ich meine Entscheidungen treffen würde. Dabei musste ich mir vorher oft sagen lassen, dass ich unüberlegt entscheiden und handeln würde. Aber ich handelte gar nicht unüberlegt, sondern anders überlegt. Allerdings konnte ich es weder mir selbst und schon gar nicht anderen erklären. Ich verließ mich einfach auf meinen sogenannten Instinkt.

Dann erfuhr ich vor vielen Jahren von der Silva-Methode. Das Denken zu beherrschen, interessierte mich sehr und ich belegte einen Kurs bei Maria Sorel. Sie hatte es sich zur Aufgabe gemacht, diese Methode, von der sie so fasziniert war, den Menschen im deutschsprachigen Raum (Deutschland,

Österreich, Schweiz) nahe zu bringen, damit sie entscheiden konnten, ob sie ein besseres Leben leben wollten, selbst wenn es schon ein gutes Leben war.
Dafür hatte sie ein phantastisches Werkzeug aus den USA mitgebracht. Es war der von José Silva ausgearbeitete Mind-Control-Kurs, in dem die nach ihm benannte Silva-Methode auch heute noch gelehrt wird. Damit kann jeder Mensch sein inneres Wissen erfahren und als Wegweiser für sein Leben nutzen. Schon seit Mitte der 60er Jahre wird diese Methode der Tiefenpsychologie für den Alltag in mittlerweile 100 Ländern der Welt und in 29 Sprachen von ausgebildeten Trainern unterrichtet. Basis ist ein dreitägiges Grundseminar, an das sich weiterführende Seminare anschließen.
José bestätigte meine intuitive Art des Denkens und ich konnte sie fortan jedem Menschen erklären. Das innere Wissen zu nutzen, war des Rätsels Lösung.
Nicht nur ich, sondern jeder Mensch kann sein eigener Helfer, sein eigener Heiler und Ratgeber sein. Das gesamte Potenzial für das eigene Leben liegt in uns und nur dort finden wir es. Wir verirren uns nur deshalb, weil wir uns statt nach innen nach außen orientieren.

Jeder kann sich nur selbst helfen

In meiner Kindheit war ich viele Jahre sehr krank. Ich hatte schwere fieberhafte Polyarthritis, einen Herzfehler und meine Nieren arbeiteten nicht ordnungsgemäß. Die Ärzte gaben mir keine Chance, jemals wieder richtig gesund zu werden und unbeschwert laufen zu können. Es gab für mich nur noch einen einzigen Weg: „Hilf dir selbst!“ Später, längst genesen, erkannte ich, dass der wichtigste Mensch, der heilend auf meinen Körper Einfluss nehmen kann, ich selbst bin. Wenn Sie beispielsweise von einem Arzt Medikamente verschrieben bekommen, spüren Sie oft in Ihrem Bauchgehirn, ob diese Mittel Ihnen helfen oder nicht. Diese leise Stimme informiert Sie sofort darüber, sofern Sie für diese intuitiven Ratschläge empfänglich sind.

Mein jahrelanges Kranksein gab mir den entscheidenden Anstoß, einen anderen Lebensweg einzuschlagen. Ich machte mich auf die Suche und absolvierte die verschiedensten Therapie-Ausbildungen wie: Tiefenpsychologische Therapie, Prana-Therapie, Rebirthing, Gestalt-Therapie, energetische Arbeit und Akupunktur-Massage nach Willi Penzel. Alles fügte sich hervorragend in meinen Masseur-Beruf und die Angebote meines Instituts ein.
Der große Durchbruch aber kam erst durch José Silva und seine Methode. Plötzlich wurde alles Verschleierte so klar für mich. José bestätigte mir, dass ich die Krankheit in meiner Kindheit und Jugend nur durch mein Denken besiegt hatte. Ich begriff die inneren Zusammenhänge und habe seitdem nicht mehr aufgehört, die Silva-Techniken anzuwenden. Sie funktionierten und das war alles, was für mich zählte, obwohl es zur damaligen Zeit kaum wissenschaftliche Erklärungen dafür gab.

Grundlagen der Silva-Methode

Weil José Silva auch an den verschiedensten Universitäten unterrichtete, hatte er in den USA einen großen Bekannt-

heitsgrad erreicht. Doch erst vor wenigen Jahren waren auch Wissenschaftler in unseren Breiten bereit, Silvas Lehre anzuerkennen.
Beispielsweise beschäftigte sich ein Doktorand der Psychologie an der Universität Wien in seiner Dissertation mit der Silva-Methode. Er untersuchte Probanden vor und während des Silva-Seminars und sechs Wochen nach Absolvieren des Kurses. Die Ergebnisse waren hervorragend. Der negative Stress, auch Disstress genannt, verringerte sich bei allen Teilnehmern, weil sich ihre psychische und physische Verfassung zunehmend verbessert hatte. Die Probanden konnten Gefühle von ausweg- und einfallslosen Lebenssituationen in erfolgreiche Lösungen umwandeln. Auch sogenannte charakterliche Schwächen wie Unsicherheit, Misstrauen und Schüchternheit verloren sich mehr und mehr. Die Testpersonen fanden Zutrauen zu sich selbst. Die logische Folge war bei allen ein eindeutig besseres, allumfassendes Wohlbefinden.

Auf den Punkt gebracht, lautet die Lehre von José Silva: „Jeder Mensch trägt das Wissen für erfolgreiche Problemlösungen und andere Möglichkeiten in sich, um sein Leben zu verbessern."

Das Einzige, was jeder dafür tun muss, ist, sich dieses Wissen bewusst zugänglich zu machen, um in jeder Lebenssituation intuitiv entscheiden und handeln zu können.
Im Wachbewusstsein werden heute die Menschen mehr denn je mit Informationen überflutet, die ihnen zum Teil im praktischen Leben helfen mögen, andererseits aber den Zugang zu ihrem inneren Wissensreichtum versperren.
Nur auf einer tieferen Bewusstseinstufe, der im Gehirn messbaren, sogenannten Alpha-Frequenz, haben wir Zugang zur

eigenen Intuition. Dort lässt sich das gesamte verfügbare Wissen abrufen, das uns zu erfolgreichen Entscheidungen führt. Diese Alpha-Frequenz, auf die ich später noch ausführlich eingehen werde, ist das wichtigste Werkzeug der Silva-Methode (siehe Seite 93).

Selbst in der Wirtschaft ist intuitive Wahrnehmung häufig wichtiger als eine auf Erfahrung aufbauende Faktenanalyse. Wieso ist das so? Wir berechnen und analysieren die objektiven Fakten, entscheiden und handeln danach und das zu erwartende positive Ergebnis bleibt aus oder kehrt sich gar ins Gegenteil um.

Zukunftsorientiertes Denken ist in der heutigen Zeit zwar ein häufig benutztes Wort, aber wie orientieren wir uns zukunftsweisend? Es ist ein offenes Geheimnis, dass Erfinder, Wissenschaftler, Forscher, Künstler, einfach alle Genies ihre bahnbrechenden Ideen durch einen plötzlichen Einfall oder auch durch einen speziellen Traum erfuhren. Es waren also nicht rational-analytische Überlegungen, die den Durchbruch brachten.

Diese Menschen befassten sich innerlich mit dem Problem, ohne direkt eine Lösung zu suchen. Sie bewegten das Problem in sich. Es arbeitete etwas in ihnen. Alle hatten eines gemeinsam: Sie folgten ihrem inneren Impuls und handelten entsprechend. Nicht immer kam es sofort zum erfolgreichen Endergebnis. Manchmal mussten solche Schritte wiederholt werden, aber diese geschahen immer ohne rational-analytische Überlegungen – ohne anstrengende Kopfarbeit oder Kopfzerbrechen. Vielmehr war es eine Aufnahmebereitschaft, einen „Einfall“ in sich ein-fallen zu lassen und ihn wahrzunehmen. Heute bezeichnen wir das als Bewusstseinserweiterung.

Genau das ist die Grundlage der Silva-Methode. Denn es geht im Silva-Seminar darum, auf der Alpha-Frequenz

- die Sensibilität für die Bauchinformation zu entwickeln und
- die Bewusstseinserweiterung im Sinne eines neu zu strukturierenden Gedächtnistrainings zu erreichen.

Wenn Sie einmal gelernt haben, der inneren Stimme Ihres Bauchgehirns zu vertrauen, werden Sie feststellen, dass unser inneres Bewusstsein vorausdenkend und zukunftorientiert ausgerichtet ist. Wiederholen sich intuitive Erfolgserlebnisse, werden sie als Referenz im Kopfgehirn abgespeichert. Das gibt Ihnen dann genügend Rückhalt und Sicherheit, den empfangenen Informationen zu vertrauen und danach zu handeln.

Es liegt buchstäblich nur an der begrenzten Nutzung des menschlichen Gehirns und an den Zweifeln, der eigenen inneren Stimme – dem Bauchgehirn – zu lauschen und dem Gehirn zu trauen. Wenn Sie erst einmal wissen, wie Sie in entspanntem Zustand Ihre beiden Gehirnhälften synchron schalten und aus einem seelisch-geistig-körperlichen Wohlbefinden heraus agieren können, machen Sie immer öfter positive, bejahende Erfahrungen.

Bleiben Sie bei sich selbst

Wie schärft nun das „Nicht-Genie“ sein Bewusstsein so, dass es die Informationen aus dem Bauch wahrnehmen kann? Lernen wir wieder, was uns als Kind geläufig war. Lenken wir unsere Aufmerksamkeit auf subjektives Hören, Fühlen,

Riechen, Schmecken und Sehen. Vertrauen wir dieser Information, die sich dann als Idee in unserem Kopfgehirn bemerkbar macht und handeln entsprechend.
Es wird keine Idee, keine Erfindung, rein gar nichts Neues im Bereich der Materie sichtbar ohne die nachfolgende Handlung. Es lässt sich so erklären, dass das „Unterhaus", also unser Bauchgehirn, das „Oberhaus", sprich Kopfgehirn, mit Informationen beliefert. Dort wird über die Ausführung nachgedacht, die dann diszipliniert und zielstrebig in die Realität umgesetzt wird.
Sollten in Ihrem Leben wichtige Korrekturen nötig sein, dann gehen Sie nicht mit dem Intellekt an die Lösung heran. Lassen Sie aus Ihrem Bauch die Gefühle hochsteigen, die von ungeschminkten Wahrheiten begleitet sind. Verdrängen Sie diese nicht. Die unzähligen Verdrängungsmechanismen, die der Kopf zeitgleich produziert und entgegenhält, machen uns konfus und schaffen nur Probleme. Oft steht uns auch erlerntes Wissen im Wege. Mögliche Lösungen werden durch- oder ausdiskutiert. Das ist eine intellektuelle Beschäftigung, die meistens zu keinen befriedigenden Ergebnissen führt.

Es muss auch niemand einer Ideologie oder gar Sekte folgen, um neue eigene Impulse zu empfangen, ihnen nachzugehen und sie umzusetzen. Hier ist die Gefahr einer Fremdbestimmung allzu groß. Machen Sie sich bewusst, dass Sie nicht nur in Ihrem Aussehen, sondern in Ihrem gesamten Wesen einmalig sind. Eineiige Zwillinge sind die einzige Ausnahme. Lassen Sie also nicht jemand anderen oder eine dogmatische Institution über Sie bestimmen, wie Sie Ihr Leben zu leben haben. Es sei denn, Sie wollen keine Selbst-Verantwortung für Ihr Leben übernehmen. Bleiben Sie darum immer bei sich selbst.

Silva-Mind-Control ist eine wissenschaftlich fundierte Methode für selbstverantwortliche Menschen. Sie hat nichts mit einer Sekte oder Ideologie zu tun. José Silva gehörte – wie ich übrigens auch – Zeit seines Lebens der römisch-katholischen Kirche an und lebte ganz im Sinne des christlichen Glaubens.
Es geht hier auch nicht um Hypnose oder Trance. Alles, was man dafür benötigt, ist innere Konzentration. Sie zu erlernen, ist ein wichtiger Punkt der Silva-Methode. José und seine Trainer/-innen bezeichnen dies als eine dynamische Meditation, die in jedem Augenblick bewusstes, aktives Handeln mit einbezieht.
Sie lernen, Ihre Denkprozesse durch das Synchronisieren der beiden Gehirnhälften zu beschleunigen. Die Konzentrations- und Gedächtnisleistung verbessert sich erheblich, die Dichte der Information nimmt durch das enorme freigesetzte geistige Potenzial zu und eröffnet viele neue Perspektiven und Möglichkeiten. Das wiederum steigert Kreativität und Produktivität.

Während eines Silva-Seminars üben Sie drei Tage lang die praxisnahe Anwendung der Silva-Methode. Sie werden überrascht sein, wie leicht sich beispielsweise Disstress in gesunden aufbauenden Eustress umwandeln lässt, wie Sie Angstgefühle und andere emotionale Blockaden auflösen, die Sie bisher an der vollen Nutzung Ihres eigenen Potenzials gehindert haben. Die Techniken der Silva-Methode führen Intuition, Kreativität und Intellekt wieder zu einer Einheit zusammen.
Sie werden erstaunt sein, wie schnell und leicht Sie nach dem Seminar private oder betriebliche Schwierigkeiten und/oder fachbezogene Probleme lösen und Ideen durch praktisches

Umsetzen realisieren können. Jeder Teilnehmer dieses Seminars ist am Ende des dritten Tages in der Lage, die Silva-Methode im täglichen Leben erfolgreich einzusetzen.
Wollen Sie dies erreichen, müssen Sie lediglich eine Hausaufgabe erfüllen: tägliches Training. Mit der Zeit werden Sie dann immer sicherer und erfolgreicher und gehen freudiger durch Ihr Leben als bisher.

NUR positiv denken bringt keine Lösung

Wer positive Erfahrungen mit seinem Bauchgehirn macht, darf das jedoch keinesfalls mit dem heute so hochgejubelten positiven Denken verwechseln. Positiv denken klingt so edel und so einfach. Das bloße positive Denken ist eine Verführung zu einer unrealistischen, schöngeistigen, rosaroten Sicht des Lebens, die sich mit der Realität nun einmal nicht deckt. Immer wieder erlebe ich die verklärten Blicke positiv denkender Menschen. Das ist kein positives Denken, das ist Schöndenken. Und Schöndenken geht an der Realität vorbei. Entsprechend groß ist dann die Enttäuschung, wenn das positive Denken nichts gebracht hat – trotz allergrößter Anstrengung. Leider verführt es dazu, vor all dem, was nicht in Ordnung ist, die Augen zu verschließen. Mit einem positiven Satz wird das Negative überpinselt und nach dem Motto „es kann nicht sein, was nicht sein darf" verdrängt.
Immer und immer muss zuerst einmal realistisch das angeschaut werden, was nicht in Ordnung ist. Schauen Sie also nicht schöngeistig weg, sondern schauen Sie hin und nehmen Sie die zu lösenden Aufgaben an. Es geht darum, nicht nur etwas hinzunehmen, sondern es auch anzunehmen.

Denken Sie einmal über diesen feinen Unterschied nach. Etwas hinzunehmen, macht Sie handlungslahm. Sie fühlen sich einer schwierigen Situation machtlos ausgeliefert, resignieren und glauben, dagegen nichts tun zu können. Wenn Sie hingegen eine solche Situation annehmen, erkennen Sie darin die Chance der Neugestaltung.
Dann entscheiden Sie sich im nächsten Schritt dazu, diese nicht mehr haben zu wollen, sie sozusagen bewusst über Bord zu werfen, weil Sie sich damit nicht wohlfühlen. Und dafür müssen Sie eine neue, Ihnen angenehme gefühlsorientierte Denkweise erschaffen.
José Silva hat immer großen Wert darauf gelegt, die Aufgaben des Lebens erst einmal zu erkennen und zu akzeptieren, um dann all das, was Sie in Ihrem Leben nicht mehr haben möchten, mit den Techniken der Silva-Methode zu korrigieren. Die Information, die Idee, die Sie erhalten, verlangt dann aber zwingend den nächsten Schritt. Und der heißt Handeln. Eine Idee, die nicht in die Realität umgesetzt wird, bedeutet und verändert in Ihrem Leben nichts.

Immer wieder sagen mir Menschen in den Seminaren, dass sie keinen Fernseher haben und keine Nachrichten hören, weil dort immer nur negative Berichterstattungen geboten werden. Natürlich müsste nicht alles mit den entsprechend angstmachenden Untertönen des Journalismus hochgeschaukelt werden. Trotzdem ändert es nichts an der Realität, die eben nur in den Vordergrund geschoben und damit unnötig hochgespielt wird. Sie aber zu verdrängen, würde bedeuten, nicht an dieser Welt beteiligt zu sein. Aber wer in dieser Welt lebt, ist ein Mitwirkender. Dafür müssen Sie auf dem Laufenden sein, denn als Mitwirkender können Sie nur dann in dieser Welt etwas ins Positive umkehren, wenn Sie den

Stand der Dinge kennen. Ohne von einem Hochwasser oder Erdbeben zu wissen, können Sie den betroffenen Menschen keine Hilfe anbieten.
Die Mexikanerin Rosa Rivas, eine sehr engagierte Trainerin der Silva-Methode, hat 1994 bei dem großen Erdbeben in Mexiko-City zusammen mit ihren Trainern Tag und Nacht den Menschen geholfen. Sie wusste um das Geschehen und hat spontan gehandelt. Kein Handeln, ohne entsprechend informiert zu sein!

Kinder sind fast immer auf „Alpha"

Logik und Rationalität sind erwünschte Merkmale unserer Gesellschaft und sie werden entsprechend dem gesellschaftlich so wichtigen Sozialisierungsprozess ausgebildet und gefördert. Intuition und die damit einhergehende Kreativität bilden sich aber durch diesen Prozess schon ab dem sechsten Lebensjahr wieder zurück.
Das geschieht vor allem deswegen, weil die Erwachsenen logisches und rationales Denken als das einzig Gültige anerkennen und das auch von den Kindern fordern. Sie wissen nichts von den einzelnen Gehirnfrequenzen und ganz speziell von der Alpha-Frequenz, die den Zugang zu den inneren Potenzialen erst ermöglicht. Und sie wissen nicht, dass die Gehirne der Kinder bis zum zwölften Lebensjahr vornehmlich auf dieser Frequenz schwingen.

Erwachsene, ob Eltern, Großeltern, Verwandte, Freunde oder auch vorschulische Erzieherinnen, nehmen den Kindern schon sehr früh ihre sogenannten Luftschlösser, ihre imagi-

nären Freunde oder auch die Bilder ihrer Träume weg und tun diese als unrealistisch ab.
Weil die Kinder mehrheitlich auf der Alpha-Frequenz schwingen, sind sie zu ganz anderen Lösungen fähig. Die Erwachsenen sollten ihnen deshalb ihre eigenen Lösungen lassen, indem sie ihnen zuhören und nicht alles nur auf die rationale Ebene reduzieren und für sie entscheiden.
Sich selbst mit einer Lösung zu befassen, führt Kinder in die Selbstständigkeit, ihre eigenen Fähigkeiten zu erkennen, zu wahren und weiter auszubauen. Sie selbst entwickeln dann Ideen, wie sie beispielsweise ihre Freizeit verbringen oder wie sie ein Problem eigenständig bewältigen können. Das wiederum stärkt das Vertrauen in sich selbst, sie werden sich ihrer getroffenen Entscheidungen immer sicherer und das fördert langfristig ihre Selbstsicherheit und Selbstständigkeit.

Wer sinniert, ist auf einer tieferen Bewusstseinsstufe

Früher, als die Menschen noch nicht so durchs Leben hetzten wie heute, sinnierten sie oft über irgendein Problem nach, das es zu klären galt. Das war kein bewusster, kopfgesteuerter Vorgang, sondern einfach ein Nachdenken über den Sinn des Geschehens. Sinnieren ist nichts anderes als die Kommunikation zwischen Bauch- und Kopfgehirn. Es ist die innere Auseinandersetzung, das sogenannte Selbstgespräch: im Innern eine Lösung zu finden, um dann im Außen durch entsprechendes Handeln eine Korrektur vorzunehmen. Sinnieren erfordert Ruhe, Entspannung, abwarten können, was einem in den Sinn kommt.

Über eine Schwierigkeit, ein Problem oder eine unklare Situation erst einmal zu schlafen, ist auch heute noch ein guter Rat. Möglicherweise kommt eine Lösung oder Erkenntnis im Traum und am nächsten Morgen ist die Situation klar. Das ist die beste Voraussetzung für eine besonnene Entscheidung. Interessanterweise erinnern sich immer weniger Menschen an diese alte Volksweisheit.

José Silva war seiner Zeit weit voraus

Unser Kopfgehirn besteht aus zwei Gehirnhemisphären. In der linken Gehirnhälfte ist der Verstand und das logische Denken beheimatet, in der rechten Intuition und Kreativität. Der erste intuitive Impuls zu einer Idee oder Lösung eines Problems wird aus dem Bauchgehirn empfangen und unmittelbar in die rechte Gehirnhemisphäre geleitet. Das gleichzeitige Nutzen beider Gehirnhälften ermöglicht es, intuitiv empfangene Ideen tatkräftig in die Realität umzusetzen. Es ist eine unglaubliche Reduzierung des gesamten menschlichen Potenzials, unsere Entscheidungen und Handlungen nur von der Vorstellung leiten zu lassen, Denken finde lediglich in unserem Kopf statt.
José Silva hat – seiner Zeit weit voraus – schon immer betont, dass die Allmacht des Denkens nicht allein im Kopf sitzt. Ganzheitliches Denken ist vielmehr die Verbindung von Bauchgehirn und Kopfgehirn.

Inzwischen unterscheiden auch die Wissenschaftler zwischen der emotionalen Intelligenz (= Bauchgehirn) und dem Intelligenzquotienten (= Kopfgehirn).

Allzu lange gehörte die ganzheitliche Denkweise in das Reich der Mystik, der Religionen. Für José war es schon immer die Kombination von beidem, die eine aufbauende, erneuernde, zukunftsorientierte und erweiternde Entscheidungs- und Handlungsweise ermöglichte. In diesem Sinne unterrichtete er sein Leben lang seine Trainer, die mit großem Erfolg seine Methode weltweit verbreiteten – trotz vieler Kritiker und Widerständen.
Der Erfolg sprach für sich: Millionen Seminar-Teilnehmer auf der ganzen Welt lernten ihr gewohnheitsmäßiges Denken abzulegen und zu verändern und waren glücklich, ein gesünderes und erfolgreicheres Leben als bisher führen zu können.
Heute sind Josés Erkenntnisse weltweit von vielen Wissenschaftlern erforscht. Sie bestätigen, dass jedem Menschen ein kluges Bauchgehirn innewohnt, das unentwegt mehr Impulse und Informationen an das Kopfgehirn sendet als umgekehrt. Wer also seinem Bauchgehirn gegenüber Zweifel und Ablehnung ablegt, kann es wunderbar für sich nutzen.

Immer wieder zitiere ich den Neurobiologen Michael Gershon, und empfehle jedem, sein wunderbares Buch „Der kluge Bauch" zu lesen.
Sie werden sich danach sehr leicht tun, Ihr in Ihnen ruhendes, tiefes und weises Wissen zu akzeptieren, durch Training zu fördern und darauf zu hören. Das ist und war schon immer das Geheimnis erfolgreicher Menschen. Nun ist es kein Geheimnis mehr, sondern jedem Menschen zugänglich.

Das Phänomen gleichzeitiger Erfindungen

Oft haben Menschen an den verschiedensten Orten der Welt gleichzeitig dieselben Ideen und setzen sie sogar zeitgleich in die Tat um. Und das völlig unabhängig voneinander. Der Biochemiker Rupert Sheldrake hat sich intensiv mit diesem Phänomen befasst.

Wenn sich ein Mensch mit einer Idee intensiv beschäftigt, sendet er auf einer bestimmten Frequenz Impulse aus. Sie werden von anderen Menschen empfangen, deren zukunftsorientiertes Bauchgehirn auf derselben Frequenz schwingt. Rupert Sheldrake nennt es das „morphogenetische Feld" beziehungsweise morphische Resonanz. Dahinter verbirgt sich kein religiöses Mysterium, sondern ein physikalisches Gesetz. Wenn eine kritische Masse erreicht ist, werden Informationen über Schwingungsfrequenzen an andere Menschen (oder auch Tiere) weitergeleitet.

Exemplarisch war die Beobachtung jener Affen auf einer japanischen Insel, die sich vorwiegend von Süßkartoffeln ernährten. Notgedrungen fraßen sie mit den ausgegrabenen Knollen etwas Erde mit. Eines Tages kam ein Affe auf die glorreiche „Idee", die Erde mit Wasser abzuwaschen. Bald ahmten ihn weitere Artgenossen nach, bis immer mehr Affen ihre Kartoffeln mit der neuen Methode erdfrei verspeisten. Und dann das Phänomen: Irgendwann begannen auch die

Affen auf den Nachbarinseln die Süßkartoffeln vor dem Verzehr abzuwaschen. Nachdem auf der Entdeckerinsel genügend Affen die Methode praktizierten, lag die Information der neuen Botschaft förmlich in der Luft und wurde von anderen empfangsbereiten Empfängern auf den Nachbarinseln aufgeschnappt.

Wenn neue Ideen an verschiedenen Orten zeitgleich und unabhängig voneinander auftauchen, dann ist offenbar die Zeit reif für die Realisierung bahnbrechender Erfindungen.
Anfang der 80er Jahre des letzten Jahrhunderts brachten die Elektronikriesen Sony in Japan und Philips in Europa den heute nicht mehr wegzudenkenden CD-Player auf den Markt. Nicht Industriespionage war im Spiel der gleichzeitigen Entwicklung und Markteinführung, sondern das, was Sheldrake als morphogenetisches Feld bezeichnet. Rund hundert Jahre davor erfanden Carl Benz in Mannheim und Gottlieb Daimler in Stuttgart unabhängig voneinander das Automobil, das fortan die Mobilität der Menschen revolutionierte.
Und kein Gymnasiast braucht sich über den Entdecker der Integral- und Differenzialrechnung Gottfried Wilhelm Leibniz aufzuregen, wenn er bei entsprechenden Klassenarbeiten oder Hausaufgaben versagt. Denn etwa zur gleichen Zeit entwickelte in England Isaac Newton exakt dieselben mathematischen Grundlagen, weshalb sich beide Forscher heftig darüber stritten, wer sie zuerst erfunden habe. Beide wussten nichts von Sheldrakes formulierter morphischen Resonanz. Sie existierte und funktionierte zu jeder Zeit.
Als ob eine höhere Macht bestimmen würde, dass zu diesem oder jenem Zeitpunkt die Zeit für eine Erfindung reif sei, wurden und werden neue Projekte von zwei oder gar mehr Menschen zeitgleich in Angriff genommen, entwickelt und

vorgestellt. Wie bei der Erfindung der Glühbirne. Nicht nur Thomas Edison erfand die Kohlefadenlampe, sondern auch Joseph Swan. Die Entdeckung des Sauerstoffs verdanken die Menschen nicht nur Carl Wilhelm Scheele, sondern auch Joseph Priestley, der im 18. Jahrhundert ebenfalls zur selben Zeit den Sauerstoff chemisch isolierte.
Dass Alexander Graham Bell als Erfinder des Telefons in die Geschichte einging, verdankte er nur der Tatsache, dass er am selben Tag des Jahres 1876 sein Patent gerade mal zwei Stunden vor Elisha Gray angemeldet hat. Nur zwei Monate später ließ James McDonough unabhängig von den beiden ebenfalls ein Telefon patentieren. Die Zeit des Telefons musste wohl beginnen.

Beispiele dieser Art gibt es in der Menschheitsgeschichte unzählige. All diese Erfinder und Endecker hatten eines gemeinsam: Sie waren offen für das Senden und Empfangen entsprechender Schwingungsfrequenzen, die sie als Impulse mit ihrem Bauchgehirn aufgefangen haben. Allen Erfindungen liegt die intuitive Information (= Idee) zugrunde, gekoppelt mit der Überzeugung, diese Idee dann auch in die Tat umzusetzen. Das heißt, der Impuls aus dem Bauchgehirn wird gefühlt und an das Kopfgehirn gesendet, wo der Bauplan für die spätere Realisierung entsteht.

Informationen aus „höherer Quelle“

In der gesamten Menschheitsgeschichte gibt es immer wieder beeindruckende Beispiele, wie Menschen Informationen aus einer „höheren Quelle“ erhalten haben. Entweder setzten sie diese dann mittels einer „Erfindung“, einer wissenschaftlichen Abhandlung oder in einem künstlerischen Werk um oder äußerten ihre „Ahnungen“ von Dingen, die in ihrer damaligen Gegenwart als reinste Utopie verlacht wurden. Diese Menschen hatten aber einen intuitiven Zugang zum kosmischen Wissen, das sich außerhalb des Raum- und Zeitkontinuums befindet.

Menschen, die außerkörperliche Erfahrungen oder Nahtoderlebnisse hatten, sprachen davon, dass sie in diesem kosmischen Ur-Wissen förmlich schwammen, dass sie außerhalb ihres Körpers und somit getrennt von ihren Gehirnzellen Zugang zu einem unvorstellbar großen Informationsspeicher hatten, den sie beim Wiedereintritt in ihren Körper jedoch wieder verloren.

Dr. Willis Harman, ein früherer Professor der Stanford University in den USA und bis zu seinem Tod Leiter des „Institute of Noetic Science“, kam zu folgender Überzeugung: „Das Faszinierende an außerkörperlichen Erfahrungen oder Nahtoderlebnissen ist, dass das, was auch immer dabei den Körper verlässt, die Erinnerung mitnimmt, die Fähigkeit zu denken und die Fähigkeit wahrzunehmen. Das zwingt uns geradezu, unsere Definition von Erfahrung zu überdenken – sie als etwas zu sehen, das nicht in den Gehirnzellen gespeichert ist –, und die Definition von Wahrnehmung, die nicht allein von körperlichen Organen geleistet wird. Außerkörperliche Erfahrungen und Nahtoderlebnisse und viele andere Informationen, zum Beispiel das, was eine Kommunikation mit Verstorbenen zu sein scheint, all das weist auf ein Bild des Universums hin, in dem unsere Existenz hier nur Teil eines Lernprozesses ist und der Tod nur ein Übergang in eine andere Lernebene. Und ich bin davon überzeugt, dass unsere Wissenschaft (...) sich in diese Richtung bewegen wird."

Schon in der Bhagavadgita, dem rund 2.300 Jahre alten indischen Volksepos, war der gleiche Gedanke formuliert worden: „Es gibt kein Werden aus dem Nichts, noch wird zu Nichts das Seiende."

„Kein Tod ist in der Schöpfung, nur Verwandlung", brachte es auch Johann Gottfried Herder auf den Punkt.

Nahtoderlebnisse sind keine praktikablen Lösungen, um Zugang zur kosmischen Informationsebene zu bekommen. Dass die sogenannten Genies sich dieses kosmischen Wissens bedienen können, kann nur so erklärt werden, als dass sie sich völlig unbewusst, mit einer gewissen kindlichen Neutralität, Neugierde und Unvoreingenommenheit neuen Dingen öffnen, darin eintauchen und somit den Zugang zu jener geheimnisvollen, höheren Informationsebene bekommen.

Ob eine außergewöhnliche Idee, eine naturwissenschaftliche Erkenntnis, Zukunftsvisionen – stets fühlen diese Menschen, dass alles irgendwie von „außen" oder „oben" in sie einströmt. Materialisten bezeichnen so etwas als „Zufall", und genau das muss es auch sein: Es „fällt" den Menschen etwas „zu". Das Empfangsaggregat ist dabei das Bauchgehirn. Und ein erfolgreicher Empfänger ist dabei auf der Alpha-Frequenz.

Genies verbringen unbewusst viel Zeit auf dieser Frequenz und haben somit den Zugang zu einem gigantischen Informationsspeicher, der den „Nicht-Genies“ verwehrt bleibt. Doch jeder kann sich heute durch ein bewusstes, intensives Alpha-Training ähnliche Fähigkeiten aneignen.

Kreativität, die einfach „geschieht“

Johannes Brahms beschrieb einmal, wie er die Entstehung seiner Kompositionen empfand: „Ich sehe nicht nur bestimmte Themen vor meinem geistigen Auge, sondern auch die richtige Form, in die sie gekleidet sind, die Harmonien und die Orchestrierung. Takt für Takt wird mir das fertige Werk offenbart. Ich muss mich im Zustand der Halbtrance befinden, um solche Ergebnisse zu erzielen – ein Zustand, in welchem das bewusste Denken vorübergehend herrenlos ist und das Unterbewusstsein herrscht – denn durch dieses, als ein Teil der Allmacht, geschieht die Inspiration…“
Andere Komponisten berichteten Ähnliches über die Art und Weise ihrer Inspiration und ihres kreativen Tuns. Aber auch genialen Dichtern und Schriftstellern erging es nicht anders. Dante Alighieri sagte, dass er seine „Göttliche Komödie“ – eine der größten Dichtungen des Abendlandes – nach innerem Diktat geschrieben hätte. Der englische Maler und Dichter William Blake äußerte sich über die Entstehung seines Versepos „Milton“: „Ich habe diese Dichtung nach Diktat geschrieben, zwölf oder manchmal zwanzig, dreißig Zeilen auf einmal, ohne jede Absicht, ja sogar gegen meinen Willen.“ Goethe behauptete von sich Ähnliches und Rainer

Maria Rilke sagte über die Arbeit an seiner „Sonette an Orpheus", sie sei das „gehorsamste und rätselhafteste Diktat, das ich je ausgehalten habe".
Nicht die Persönlichkeit steht bei ihrer Arbeit im Vordergrund, berichteten viele Künstler, sondern ihre Persönlichkeit liefere lediglich das Werkzeug oder Instrument, um „göttliche" Ideen oder das Ur-Wissen aus der kosmischen Datenbank auf unserer Ebene zu manifestieren.
Auf ihre anschauliche und pfiffige Art, beschrieb auch die bekannte Kinderbuchautorin Enid Blyton dieses an sich selbst erlebte Phänomen: „Ich schließe für ein paar Minuten meine Augen, mit meiner Schreibmaschine auf den Knien – ich mache meinen Geist zu einem leeren Nichts und warte. Und dann stehen meine Personen vor meinem geistigen Auge da, mit einer Deutlichkeit, als sähe ich richtige Kinder. (...) Ich weiß selbst nicht, was sich da abspielen wird. Ich bin in der glücklichen Situation, eine Geschichte zum ersten Mal gleichzeitig zu lesen und zu schreiben. Manchmal macht eine der Figuren einen Witz und dann muss ich lachen, während ich ihn zu Papier bringe und denke: Also, darauf wäre ich nie in meinem Leben gekommen! Und dann frage ich mich: Ja, aber WER ist darauf gekommen?"

Geheimnisvolle Informationen oder Inspirationen, die von einer höheren Ebene durch, aber nicht von einem Menschen kommen, haben nicht nur Künstler, denen man so etwas eher zubilligt, sondern auch Wissenschaftler und Techniker.
Elias Howe, der Erfinder der ersten funktionsfähigen Doppelstich-Nähmaschine hatte im Jahr 1845 die neue Errungenschaft fast fertig, nur mit der Nadel kam er nicht klar. Er hatte, wie bei einer gewöhnlichen Nähnadel, das Nadelöhr oben angebracht. Die entscheidende Information erhielt er

in einem lebhaften Traum: Er war an einen Marterpfahl gebunden und wilde Eingeborene sprangen mit verzerrten Gesichtern um ihn herum. Immer wieder hielten sie ihm ihre Speerspitzen direkt vors Gesicht. So lange, bis der träumende Erfinder wahrnahm, dass sich an der Spitze der Speere ein Loch befand. Er schreckte schweißgebadet aus dem Traum auf und wusste sofort, dass er seiner Nähnadel das Öhr unten an der Nadelspitze verpassen musste. Seitdem funktionieren dank diesem genial einfachen Prinzip alle Nähmaschinen dieser Welt.

Auch der Chemiker August Kekulé von Stradonitz erkannte die Vierwertigkeit des Kohlenstoffatoms und dessen Fähigkeit, Ketten zu bilden (Ringstruktur des Benzols), im Traum, als er von einer Schlange träumte, die sich in den Schwanz biss. Später riet er seinen Kollegen: „Meine Herren, lernen wir zu träumen – vielleicht finden wir dann die Wahrheit..." Heute müsste man sagen: Lernen wir, bewusst die Alpha-Frequenz zu nutzen, um an Wissen, Wahrheit und Informationen zu kommen.

Von Giordano Bruno (1548 – 1600), einer der ersten neuzeitlichen Denker und genialer Philosoph, der später auch Leibniz, Herder, Goethe und Schelling beeinflussen sollte, wissen wir, dass er ohne Verbindung zu einer „höheren Quelle" nicht so viele klare Erkenntnisse und Einsichten bekommen hätte. Er beschrieb die Unendlichkeit des Universums, das von der göttlichen Weltseele durchwaltet sei. Sein holografisches Weltbild zeigt viele Parallelen zur indischen Philosophie, die seinerzeit im Abendland unbekannt war. „Seine genialen Intuitionen sind seinen Zeitgenossen um mehrere Jahrhunderte vorausgeeilt", heißt es in der „Kulturgeschichte der Neuzeit" von Egon Friedell.

Bruno wusste Dinge, die er nicht wissen konnte. Und trotzdem beschrieb er sie exakt: Dass die Erde an den Polen abgeflacht ist, dass sich die Sonne um ihre eigene Achse dreht, dass Fixsterne Sonnen sind, um die ebenfalls Planeten kreisen. Im Ansatz nahm er die später formulierten keplerschen Gesetze und auch Teile von Einsteins Relativitätstheorie vorweg.
Das Genie Giordano Bruno – es blieb zu seinen Lebzeiten verkannt. Er wurde verraten, kam in die Hände der Inquisition und erlitt nach siebenjähriger Gefangenschaft den Feuertod auf dem Campo de'Fiori in Rom.

Visionäre sehen auf „Alpha" die Zukunft

Künstler erhalten über ihr Bauchgehirn kreative Impulse und Informationen. Visionäre erhielten auf demselben Weg konkrete Bilder von Dingen, die oft Hunderte von Jahren später Realität werden sollten. Unbeantwortet bleibt die spannende Frage, inwieweit die als Phantasten oder gar als Irre abgewerteten Vorreiter die spätere Realisierung solcher bahnbrechenden Erfindungen mit ihren Denkanstößen unbewusst mit vorangetrieben haben. Zu ihrer Zeit galten ihre Vorstellungen als utopisch, reine Phantasieprodukte, die niemals Wirklichkeit werden könnten. Und doch hatten diese Menschen „nur" einen Blick in die Zukunft geworfen. Die Geschichte liefert unzählige Beispiele.
Wie der englische Franziskanermönch und Naturwissenschaftler Roger Bacon, der bereits im 13. Jahrhundert Dampfschiffe, Flugzeuge und Tauchapparate vorausahnte und von Brücken sprach, die ohne Pfeiler oder andere Unterstützung gebaut werden würden. Von Leonardo da Vinci wissen

wir, dass er bereits im 15. Jahrhundert auf dem Papier Hubschrauber, U-Boote, Tauchgeräte, Maschinengewehre und Panzerwagen konstruierte, aber auch schon Fertighäuser plante oder Satellitenstädte mit vielspurigen Straßen auf mehreren Ebenen. Hundert Jahre vor Erfindung des Fernrohrs sprach er von „Augengläsern, um den Mond groß zu sehen". Leonardo da Vinci – ein vielseitiges Genie, dessen Ideen in späterer Zeit realisiert wurden.
Oder der französische Schriftsteller Jules Verne, für den es in seinen vor über hundert Jahren geschriebenen Science-Fiction-Büchern völlig normal war, mit einer Rakete zum Mond zu fliegen oder sich 20.000 Meilen weit in einem elektrisch betriebenen Unterseeboot durch die Weltmeere zu bewegen. Auch beschrieb er Bomben, die Städte oder ganze Landschaften ausradieren können. In seinen 104 Büchern, die er innerhalb von 43 Jahren geschrieben hat, bettete er Zukunftsvisionen in abenteuerliche Handlungen ein, die auf der ganzen Welt mit Staunen gelesen wurden. Doch niemand hatte auch nur eine Sekunde daran geglaubt, dass die beschriebenen Möglichkeiten zum Teil schon Jahrzehnte später Wirklichkeit werden könnten.

Visionäre wie Jules Verne machten jedoch auch Fehler. Nicht alles wurde möglich, oder einige Details waren schlichtweg falsch. Gab es da vielleicht einen Bruch bei der Informationsübertragung? Spielte beim Weiterspinnen eines anfänglich korrekten Zukunftsgedankens der Kopf eine Rolle, der spontane Impulse falsch korrigierte?
Jules Verne ließ immerhin seine Mondrakete in Florida starten, unweit von Cape Kennedy entfernt, wo 1969 die ersten Menschen zum Mond gestartet sind. Der Realität nahe kam auch die Rückkehr der Mondfahrer: Bremsraketen

wurden gezündet und die Landung der Kapsel erfolgte im Pazifik, wo sie von einem Schiff geborgen wurde. Nur war bei Jules Verne die Rakete keine Rakete, sondern eine riesige Kanone, die eine Weltraumkapsel in Form einer bemannten Granathülse abschoss. Der dabei entstehende Andruck hätte das eigene Gewicht der Raumfahrer 25.000 Mal überstiegen und sie somit zerquetscht.

Genau dieser grundlegende Denkfehler sollte aber der späteren Raumfahrt den entscheidenden Impuls geben: Im Jahre 1908 las in dem rumänischen Siebenbürgen ein 14-jähriger, technisch interessierter Schüler Jules Vernes Buch über die Reise zum Mond. Und kam beim Lesen zum Schluss, dass kein Mensch mittels einer Kanone in den Weltraum geschossen werden kann, sondern dass man dazu eine mehrstufige Rakete benötigte.

Hermann Oberth hieß der geniale Junge, dessen späterer Schüler Wernher von Braun nach dem Zweiten Weltkrieg in Amerika exakt solche Raketen nach den Ideen seines Lehrers bauen würde, mit denen die Amerikaner den Weltraum eroberten. Oberth studierte Physik und Mathematik und wollte in Heidelberg mit einer Arbeit über Weltraumraketen promovieren. Seine Professoren lehnten jedoch die Dissertation als unrealistisch ab. Im Jahre 1921! Nur 48 Jahre später starteten die Amerikaner mit dem von Oberth entwickelten Raumfahrtkonzept zum Mond!

Oberth musste in jungen Jahren das Leben eines verkannten Genies kennenlernen, der auch für die Wissenschaft nur verrückte Ideen hatte. Im Alter wurde er mit Ehrungen überhäuft. Auch er war ein Visionär. Viele seiner „ver-rückten“ Ideen sind bis heute nicht verwirklicht worden. Zum Beispiel die bereits 1923 konzipierten Weltraumspiegel, mit denen auf bestimmten Gebieten der Erde Sonnenlicht reflektiert werden soll, um sie zu beleuchten, zu erwärmen und um das Wetter zu beeinflussen. Oder elektrisch betriebene Raumschiffe und Windkraftanlagen, die in großen Höhen die kontinuierlichen Luftströmungen nutzen können.

In der Tradition vieler naturwissenschaftlicher Genies war Oberth auch Philosoph, der sich mit den Hintergründen unseres Daseins auseinander setzte. In seinem Buch „Stoff und Leben“ ging er auf wissenschaftlicher Grundlage den Fragen auf den Grund, ob der Mensch eine Seele hat und was oder wer der Träger des Bewusstseins ist. Weil der Mensch fühlt, dass er ist, weil er ein „Ich“ hat, meinte Oberth, hat er auch eine Seele. „Diese Seele“, schrieb er, „ist auch Trägerin von Wissen, von überindividuellem Wissen, das besonders begabte Leute anzapfen können. So entstehen die zeitlosen Kunstwerke, sei es in Literatur oder in der Malerei oder der Tonkunst. Sie entstehen dadurch, dass hier überindividuelle und zeitlose Gedanken und Gefühle, Visionen oder Bilder angesprochen werden.“

Wie bei jeder Erfindung, die im Sinne des Wortes ein „Finden“ ist, existiert bereits das gesamte Wissen im unendlichen Raum des Universums, nur noch nicht in der sichtbaren Materie. Es kommt allein darauf an, wie man den Zugang dafür findet. Der große deutsche Physiker Max Planck, der sein gesamtes Leben der Erforschung der Materie gewidmet hatte, sagte: „Es gibt keine Materie an sich! (...) Nicht die sichtbare, aber vergängliche Materie ist das Reale, Wahre, Wirkliche, sondern der unsichtbare, unsterbliche Geist ist das Wahre.“

Geistig und körperlich fit – ein Leben lang

Trainieren Sie Ihren Geist und Körper täglich, um bis ins hohe Alter fit zu sein. Ich wünsche mir, dass Sie durch dieses Buch ermutigt werden, einen Quantensprung in Ihrem Denken zu vollziehen. Dass Ihr Interesse uneingeschränkt geweckt wird für neue Wege, um sich die gesamte Gehirnkapazität zunutze machen zu können.

Dazu müssen Sie wissen, dass Ihr Bauchgehirn Botschaften aufnimmt, von denen Ihr Kopfgehirn in der Regel nichts weiß. Warum ist das so? Es liegt daran, dass die Information aus dem Bauch von Ihnen nicht registriert wird und damit für Sie als möglich werdende Realität verloren geht. Je intensiver Sie die Wahrnehmung für die Botschaften aus Ihrem Bauch heraus schärfen, umso klarer werden Sie erkennen, dass ein Computer dagegen klägliche Fähigkeiten besitzt.
Computer werden deshalb immer erweitert und aufgerüstet. Und genau diese Aufmerksamkeit müssen Sie Ihren Gehirnen auch widmen. Bleiben Sie also im wahrsten Sinne des Wortes immer geistig und körperlich auf dem Laufenden.
Sie können mehr für Ihre geistige und körperliche Fitness tun, als Sie bisher dachten.
Tägliche körperliche Bewegung erhält nicht nur den Körper, sondern auch den Geist jung und beweglich. Es ist immer ein Wechselspiel von allem.

Durch Laufen und Atmen in einem bestimmten Rhythmus produziert das Gehirn vermehrt Neurotransmitter, die in das gesamte Nervensystem fließen. Laufen macht glücklich, weil es Endorphine, ein körpereigenes Rauschmittel, und den Glücksbotenstoff Serotonin freisetzt – „Runner's high" nennen es die Jogger.

Mentale Fitness ist das Geheimrezept für eine positive, gesunde Lebensqualität. Erkrankt das Bauchgehirn, erkrankt auch die Kopfgehirn-Zentrale. Ursprünglich besitzt jeder Mensch ein intaktes, gut funktionierendes Bauchgehirn. Da aber die wenigsten Menschen dort die zukunftsweisende Orientierung registrieren und damit nicht bewusst einsetzen können, sprechen sie von glücklichen oder unglücklichen Zufällen. Sie leben nicht bewusst und selbstbestimmt, sondern lassen sich leben.

Deshalb ist es mir ein Anliegen, mit den Techniken der Silva-Methode jedem das riesige Potenzial eines intakten Bauchgehirns erfahrbar zu machen und nutzbringend anzuwenden.

Intuition, der erste Einruck, Spontaneität und Wahrnehmungsfähigkeit sind keine zufälligen Attribute, die hin und wieder gelingen, sondern ein willentlich und bewusst steuerbares Geschehen. Situationen und/oder Geschehnisse rechtzeitig zu erfassen und sich sofort zunutze zu machen, sollte in jedem Augenblick unseres Daseins möglich sein. Das ist die Voraussetzung für jeden Erfolg im Leben.

Viele Menschen haben nur eine vage Ahnung von ihrem inneren Wissen, können es nicht erklären oder haben gar Angst davor, weil sie nicht begreifen, woher es kommt. Gläubige Menschen gehen damit leichter um. Im Gebet versenken sie sich in ihre Mitte und bitten Gott um eine Lösung ihrer

Probleme. Erhalten sie dann intuitiv eine Idee oder einen Hinweis, bezeichnen sie es als göttliche Eingebung.

Intuition auf Abruf

Als Trainerin der Silva-Methode lehre ich seit 1983 konsequent Intuition auf Abruf. Die besten Ideen sind immer jene, die spontan in uns hoch steigen. Mit dem heute alles beherrschenden rationalen, logischen Denken werden sie dann wieder verworfen und so kommt es nie zu einer Handlung. Dahinter verbirgt sich die Angst, Fehler zu machen. Aber was ist ein Fehler? Als Menschen machen wir Fehler und daraus lernen wir. Nur wenn Sie immer wieder selbst die Erfahrung gemacht haben, dass sogenannte „Bauch-Entscheidungen" richtiger gewesen wären als kopfgesteuerte logische Entscheidungen, wissen Sie um die Bedeutung der Intuition.
Mit der Zeit nehmen Sie solche Erfahrungen immer öfter bewusst wahr. Das stärkt Ihre Intuition, und mit der Zeit werden Sie immer sicherer. Sie wissen dann, dass die positiven Ergebnisse keine Zufallsereignisse waren, sondern eindeutige und klare Informationen, die aus Ihrem tiefsten Inneren kamen. Wollen Sie sich eines intuitiven Impulses bedienen, sich beispielsweise mit etwas Neuem beschäftigen oder bewusst eine Entscheidung aus dem Bauch heraus treffen, ist eine neutrale Einstellung zu der Angelegenheit notwendig. Es kann sonst leicht geschehen, dass sich Wunschdenken oder vom Kopf manipulierte Informationen dazwischenschieben und die intuitive Kraft subjektiv verfärben. Die innere Neutralität muss einem an Gleichmut grenzendem Desinteresse ähneln und immer wieder überprüft werden.

Eine entspannte, gelassene innere und äußere Haltung ist der beste Garant für den ungefärbten Zugang zur eigenen Intuition. Jeglicher Stress ist kontraproduktiv und führt nicht zu dem gewünschten Ergebnis. Viele Entspannungsmethoden können dabei hilfreich sein. Die Alpha-Methode nach José Silva hat sich dabei jedoch weltweit bei Millionen Menschen bewährt – und das nachweislich.

Wenn Sie sich von Ihrer Eingebung leiten lassen und ihr handelnd nachgehen, ist es für Sie immer der richtige Weg. Ich möchte es Ihnen immer wieder ins Gedächtnis rufen: Je mehr Sie trainieren, um so sicherer werden Sie in Ihren Entscheidungen und Handlungen. Sie brauchen dann nicht mehr zu hinterfragen, ob es sich bei Ihrer Eingebung um Wunschdenken oder Wolkenkuckucksheime handelt.

Geniale Kinder im Kinderkurs

José Silva beauftragte mich damit, seinen in USA bereits erfolgreichen Kinderkurs für den deutschsprachigen Raum nutzbar zu machen und einzuführen. Diese Aufgabe war unglaublich lehrreich für mich. Sie stärkte in mir die Erkenntnis, wie spontan und korrekt Kinder ihr inneres Wissen äußern und es sofort ohne Wenn und Aber umsetzen.

Sobald der erste Gedankenblitz durch kindliche Gehirne zischt, setzen ihn Kinder einfach um. Noch hat kein kopflastiger Intellekt Macht über sie, wie es bei uns Erwachsenen mehrheitlich der Fall ist. Dort wird nämlich überlegt und überprüft, ob die spontane Eingebung wertvoll oder sinnlos ist, und das Für und Wider wird solange abgewägt, bis schließlich die Vernunft die Oberhand gewinnt. Das ist dann die typisch einseitig rationale Entscheidung Erwachsener. Dabei steht jedem, ob Kind oder Erwachsenem, dieses innere Wissen zur Verfügung. Nur müssen wir Erwachsene wieder mühsam erlernen, was Kindern einfach zugänglich ist.

In meinen Kinderkursen erlebe ich es immer wieder, wie Kinder ihre Probleme offen darlegen und meine Meinung dazu wissen wollen. Ich ermutige dann die Kinder zum selbstständigen Denken, um ihr Urteilsvermögen zu fördern und zu stärken. Sie finden dann für ihre Probleme spielerisch

neue Ideen und Lösungsmöglichkeiten. Unsere über Jahrhunderte traditionell gültigen Werte müssen neu überdacht, aufgehoben oder umstrukturiert werden. Sie lassen sich nicht mehr einfach auf nachfolgende Generationen übertragen.
Meine Hauptarbeit im Kinderkurs nenne ich: „Philosophieren mit Kindern." Dabei setze ich bei ihrer kindlichen Neugierde und ihrem natürlichen Wissensdurst an. Fragen und Weiterfragen, sie immer wieder darin bestärken, eigene Antworten zu finden, unterstützen den Prozess des selbstständigen Denkens. Es macht so viel Freude, Kinder darin zu erleben, wie sie im Austausch von Fragen und Antworten von alleine auf neue Ideen kommen und eigene Lösungen finden. Mir ist es dabei wichtig, dass die Kinder gedanklich beweglich und flexibel bleiben und keine auswendig gelernten Fakten wiedergeben.

Kinder haben immer eine Lösung parat

Kinder sind bis zu ihrem zwölften Lebensjahr mehrheitlich auf Alpha. Ihr Zugang zum Bauchgehirn ist geöffnet, sie greifen dort die Impulse auf und mixen sie in ihrem Kopfgehirn zu einer neuen Idee, die sie dann spontan umsetzen. Sie sind wandlungsfähig und kreieren immer wieder auf faszinierende Weise neue, unterschiedliche Lösungsmöglichkeiten. Das macht sie sicher für eigene Problemlösungen und stärkt ihren Selbstwert. In einem Seminar sagte mir einmal ein Kind: „Es gibt eben für alles eine Lösung." Das ist doch echtes Selbstvertrauen!
Meistens beschneiden Erwachsene mit ihrem rational gesteuerten Kopfdenken die Kinder in ihrem schöpferischen Sein.

Das traurige Ergebnis: Sie verunsichern die Kinder und pflanzen ihnen damit das Gefühl des Versagens ein. In meinen Kinderkursen sehe ich immer wieder, welch fatale Folgen das nach sich zieht. Es sind die kleinen Schüchternen, die sich nicht trauen, einfach loszuplappern. Für mich ist es eine besondere Herausforderung, sie mit den Techniken der Silva-Methode und durch den Gruppenkontakt auf eine andere Denkschiene zu bringen. Im Laufe des Trainings nehme ich dann zu meiner Freude wahr, wie ihr Selbstwertgefühl wächst. Ich sehe, dass die begrenzende Formel „Ich kann das nicht!" für alle Zeiten gelöscht ist.
Leicht und spielerisch lernen die Kinder, Fragen zu formulieren, verschiedene Sachverhalte zu verknüpfen sowie unterschiedliche Alternativen und Perspektiven wahrzunehmen. Sie können Entscheidungen treffen und sind fähig, in dieser zunehmend komplexen und komplizierten Welt Verantwortung zu übernehmen.

Manchmal ist es dennoch notwendig, Kindern Grenzen zu setzen und sie somit auf das spätere Leben vorzubereiten. Beobachten Sie beispielsweise ein Kleinkind, wie es einen Berg hochsteigt. Erlaubt ihm das Gelände, ausgiebig zu springen und zu hüpfen, läuft es ausgelassen kreuz und quer. Wird der Weg steiler und schmäler und damit gefährlicher, müssen wir dem Kind eine Grenze setzen. Dann wird der Aufstieg für das Kind nicht mehr so lustig, sondern eher beschwerlich und es beginnt, sich zu langweilen. Es ist jetzt keineswegs sinnvoll, das Kind herumspringen zu lassen, um ihm Regeln und Begrenzungen zu ersparen. Ganz im Gegenteil: Es muss ihm eine Grenze, ein Limit gesetzt werden. Umso früher, desto besser. Denn wie soll es später begreifen, dass das Leben mit Regeln, Verordnungen, Verpflichtungen und Gesetzen gespickt ist? Der Mensch möchte von klein auf immer frei sein von Begrenzungen. Erziehen Sie Ihre Kinder nicht an den Gesetzen des Lebens vorbei. Den Kindern eine grenzenlose Welt vorzugaukeln, bedeutet für mich, sie zu belügen. Späteres Erwachen im jugendlichen Alter ist dann für solche Kinder besonders bitter.

Wer fordert, der fördert: Sensibilisieren Sie Kinder auch für andere Interessensgebiete. Führen Sie sie in das Reich der Natur ein, bringen Sie ihnen die Pflanzen- und Tierwelt nahe. Achten Sie darauf, für was sich ein Kind interessiert. Denn genau da ist es motiviert. Als achtfache Großmutter erlebe ich das immer wieder. Ein motivierter Mensch ist ein interessierter Mensch und hat eine bessere Aufnahme- und Lernfähigkeit. Wir müssen dann den Kindern nichts überstülpen, sondern nur noch auf sie eingehen. Dann begreifen sie alles ganz schnell. Auf dieser Erkenntnis basiert auch die erfolgreiche Montessori-Pädagogik.

Die Silva-Methode könnte die Schule revolutionieren

Jahrelange Studien haben ergeben, dass die Silva-Methode bei den Seminarteilnehmern definitive und signifikante positive Veränderungen auslöst – vor allem auf den Gebieten der Entspannung, Psychosomatik und Problemlösung. Da José Silva seine Methode durch die Schularbeit mit seinen Kindern entwickelt hat, müsste sie doch auch allen anderen Schülern dieser Welt hilfreich sein. Ließe sich damit möglicherweise das gesamte verstaubte Schulsystem revolutionieren?

Bis auf wenige Ausnahmen ist die Institution Schule weltweit eine festgefahrene Bürokratie, die sich Innovationen, neuen Erkenntnissen der Psychologie und der Neurobiologie verschließt. In einer Zeit, in der die Gesellschaft von neuem Wissen und Informationen in bislang nie gekannter Weise regelrecht überflutet wird, in der sich Kommunikation, Technik und Kultur rasant weiterentwickeln, reagiert das etablierte Erziehungswesen alptraumhaft langsam darauf. Nach wie vor wird den Schülern nach starren Regeln des „Rechthabens" lediglich Wissen eingetrichtert – Gehorsam ist wichtiger als Individualität, reproduzierbares Wissen wichtiger als Kreativität.

Gerade in den lebensprägenden Jahren stehen Kinder und Jugendliche unter dem Einfluss der Schule. Kommen sie mit großen Erwartungen und natürlicher Wissbegierde mutig in die Schule, wird vielen schnell die Motivation genommen. Und das hält dann oft bis zum Schulabschluss an. Wissenschaftler haben bei Erwachsenen mit Biofeedback-Geräten die Erinnerung an ihre Schulzeit gemessen. Sobald sich die Probanden in diese Zeit gedanklich zurückversetzten, schlug das Anzeigegerät stark aus: Der damalige Stress führte sofort zu einer Erregung im Körper.

Stress, Angst und Schuldgefühle können jedoch niemals dazu beitragen, die Bildung und menschliche Entwicklung zu fördern. Im Gegenteil: Sie führen zu einem konformen, im schlimmsten Fall zu einem neurotischen Verhalten.

Es gibt drei Wege, das Gedächtnis zu füttern: das natürliche Lernen, das Schul-Lernen und das gehirngerechte Lernen. Der erste Weg ist den Menschen angeboren und sehr effizient, weil das Gehirn hier ohne bewusstes Zutun lernt. Das Gehirn speichert alles, was dem Besitzer hilft und gut tut und garantiert damit das biologische Bedürfnis des Überlebens.

Das Schul-Lernen basiert im Wesentlichen auf trockener Wissensvermittlung durch Wiederholung. Individuelle Bedürfnisse werden ignoriert, ein natürlich bedingter Widerstand führt oft zum Abbruch des Lernvorgangs. Es entsteht Disstress, die Schüler reagieren in neuen Lernsituationen eher mit Angst und Ablehnung als mit Interesse, Neugierde und Spaß. Disstress verursacht aber auch Denkblockaden, so dass selbst tief abgespeicherte Informationen in Prüfungssituationen nicht mehr abrufbar sind.

Beim gehirngerechten Lernen stehen die Entspannung und die Ausbildung der Vorstellungsgabe im Vordergrund. Alle Eingangskanäle des Gehirns werden geöffnet, der Lernende sättigt seine Neugier und motiviert sich dadurch ständig selbst. Stress und Denkblockaden sind kein Thema.

Eine Diplomarbeit an der wirtschaftspädagogischen Fakultät der Universität Graz beschäftigte sich vor Jahren mit der Frage, ob die Silva-Methode gehirngerechtes Lernen fördern könne. Die Diplomandin wollte wissen, ob durch Einführung der Silva-Mind-Control-Methode in die Schule, bei den einzelnen Schülern folgende Eigenschaften gefördert oder verbessert werden können: Selbstständigkeit, Kreativität, Entscheidungsfreudigkeit und die Fähigkeit, Probleme zu lösen. Das Ergebnis war eindeutig. Die Silva-Methode verbessert bei Schülern folgende Bereiche:

- „Gemeinschaft und Kommunikation: Bemerkenswerte Zunahme an Interesse und Teilnehmerbereitschaft.
- Vertrauen in eigene Fähigkeiten: Der Enthusiasmus und Wunsch nach mehr Selbstinitiative nahm beträchtlich zu.
- Impulsivität: Versuch zu konkreten und objektiven Meinungsäußerungen.
- Rückgang der destruktiven Aggression: größere Assimilierungsfähigkeit.

- Selbstakzeptanz: Verbesserung der persönlichen Zielvorstellungen und eine höhere Schmerzgrenze bei Kritik.
- Positive Lebenseinstellung.
- Mehr Selbstsicherheit und größere Entfaltung der Kreativität."

Da es auch langfristig illusorisch ist, dass die Silva-Methode offiziell in staatlichen Schulen eingeführt wird, bleibt dem Einzelnen nur die individuelle Schulung der eigenen Fähigkeiten. Aus diesem Grund hatte José Silva den Kinderkurs entwickelt, den wir in Deutschland, Österreich und der Schweiz für Kinder ab sechs Jahren anbieten.

Es liegt nicht allein an den Techniken, sondern am gesamten Konzept der Silva-Methode, dass sowohl Kinder als auch Erwachsene ihre Konzentration und Gedächtnisleistung steigern. Sie verringern nicht nur ihre Aggressionen, sondern das eigene Verhalten erweitert sich zu mehr Offenheit und Toleranz anderen gegenüber. Dass speziell die Kinder dabei in der Schule in allen Fächern bessere Resultate erzielen, ist ein angenehmer Nebeneffekt.

Erfolgreiche Manager entscheiden intuitiv

Mehr Entscheidungen aus dem Bauch heraus – das ist heute in fortschrittlichen Firmen eine immer häufiger gestellte Forderung. Chefs und Manager können sich dabei inzwischen auf viele wissenschaftlich untermauerte Fakten stützen.

Privat trauen wir schon eher unserer inneren Stimme, aber gerade beruflich wird mehrheitlich immer noch ausschließlich der Verstand eingesetzt. Dadurch kommt es vielfach zu Fehlentscheidungen, die dann statt erfolgreichem und innovativem Handeln nur Druck und Stress mit sich bringen.
Vor allem in den USA wird von Führungskräften mittlerweile nicht nur ein hoher Intelligenzquotient, sondern auch ein hoher emotionaler Quotient gefordert. Damit ist nichts anderes gemeint als der Einsatz der Intuition als Schlüssel zum Erfolg. Bei uns sickert diese Erkenntnis nur zögerlich durch und wird, wenn überhaupt, eher weiblichen Führungskräften zugestanden. Im knallharten, patriarchalisch geprägten Geschäftsleben gelten Ellbogen und gnadenlose Durchsetzungskraft immer noch mehr als gefühlvolles Eingehen auf Mitarbeiter und intuitive Entscheidungsprozesse.

Die Modedesignerin Gabriele Strehle ist eine der wenigen sehr erfolgreichen Frauen, die öffentlich bekennt, sich auch im Geschäftsleben von ihrer Intuition leiten zu lassen.

Zusammen mit ihrem Mann Gerd Strehle hat sie die ehemals konservative Modefirma im abgelegenen Nördlingen zwischen Stuttgart und Augsburg mit dem Label „Strenesse“ in wenigen Jahren zu einer Weltmarke gemacht. Sie sei schon immer ein intuitiver Mensch gewesen, sagt sie. „Was das Wort für mich schon aussagt, ist spüren, fühlen, aufnehmen, Gerüche wahrnehmen. Das ist ja alles Intuition. Und es gibt so viele Menschen, die lieber auf Daten achten, und es gibt Menschen, die auf ihren Bauch achten. Ich glaube einfach, dass ich zu der zweiten Gruppe gehöre und dieser Sache auch vertraue.“
Mit diesem Vertrauen in ihre intuitiven Fähigkeiten wurde die Designerin zum Shootingstar der Mailänder Modenschau und legte damit den Grundstein für einen beispiellosen Welterfolg. Die Modefirma mit über 500 Mitarbeitern wird jedes Jahr größer. Wenn sie an ihren Kollektionen arbeitet, verlässt sie sich ausschließlich auf ihr Bauchgefühl. „Das Entscheidende ist“, sagt sie, „dass ich die Umwelt wahrnehme, das Gefühl einer Frau, was sie spürt, was sie denkt. Das Vertrauen zu diesem Gefühl zu haben, ist natürlich über Jahre gewachsen.“
Genau das ist es: Gabriele Strehle entwickelte mit jedem Erfolg eine immer größere Zielsicherheit. Ihr Mann, der sich selbst als Kopfmensch sieht, beschrieb in einem Fernsehinterview das Leben mit seiner intuitiven, erfolgreichen Frau unverblümt: „Intuitive Menschen sind Menschen, die Dinge reifen lassen, die warten, die nicht sofort entscheiden. Da können Sie schon manchmal verrückt werden, wenn Sie eine Entscheidung wollen und sie nicht bekommen. Die wird dann noch mal verschoben, bis der Bauch die Wahrheit sagt. Und der sagt immer die Wahrheit. Intuitive Menschen sind dann so eiskalt und warten, bis sie so weit sind. Und da können Sie dann schon zur Decke gehen. Aber damit muss

man sich abfinden. Und es ist auch eine tolle Geschichte, wenn man mit so jemandem zusammenlebt."
Gabriele und Gerd Strehle – ein Traumpaar in der Wirtschaft, bei dem zwei Menschen mit Kopf und Bauch symbiotisch zusammenarbeiten und damit sehr großen Erfolg haben.

Auch die Vermögensberaterin einer deutschen Privatbank schwört auf ihre Intuition bei schwierigen Börsengeschäften: „Frauen treffen finanzielle Entscheidungen, indem sie den Ausgleich suchen zwischen Information und Intuition. Das heißt, bei Frauen steht der ganzheitliche Ansatz im Vordergrund. Oder anders: Für Frauen ist es von jeher selbstverständlich, dass der Verstand und der Bauch eine Einheit bilden." Dass Frauen an der Börse sehr erfolgreich sind, wurde bereits wissenschaftlich untersucht. Nach einer amerikanischen Studie erzielen Frauen im Durchschnitt ein besseres Anlageergebnis als Männer.

Der legendäre griechische Reeder und Geschäftsmann Aristoteles Onassis war einer der erfolgreichsten Bauchgehirn-Entscheider. Einmal kaufte er in den USA intuitiv ein wertloses, ödes Stück Land. Seine Berater wollten ihn unbedingt von dem sinnlosen Kauf abhalten, doch er ließ sich nicht beirren. Drei Jahre später fand man dort schwarzes Gold!

Der erste Eindruck als wichtigste Entscheidungshilfe

Den ersten Eindruck wahrzunehmen, ist die wichtigste Voraussetzung für die richtige Entscheidung. Stellen Sie sich dieses Beispiel vor:

Es geht um ein Vorstellungsgespräch und Sie kennen den Menschen nicht, wissen nur etwas von ihm durch seinen Lebenslauf. Kaum betritt dieser Bewerber den Raum und schon stellen sich Ihnen die Nackenhaare hoch oder Sie spüren ein anderes ablehnendes Gefühl in Ihrem Körper. Dennoch führen Sie ein höfliches Gespräch, das aufgrund Ihrer inneren ablehnenden Haltung aber eher kühl verläuft. Von den Argumenten her würde diese Person gut in Ihre Firma passen und Sie lassen sich in Ihrer Entscheidung von der Logik leiten.
Was Ihr Inneres Ihnen mitteilen wollte, haben Sie aber nicht wahrgenommen. Ihr Körper hat zwar auf das innere Streitgespräch zwischen Ihrem Bauch- und Ihrem Kopfgehirn reagiert, aber Sie haben dieses Gefühl ignoriert. Sie stellen diesen Bewerber ein. Sehr bald merken Sie, dass er eben doch nicht in Ihr Team passt oder die Arbeit nicht so flott und gut erledigt, wie Sie es sich aufgrund des Einstellungsgespräches erwartet haben. Hätten Sie doch besser auf Ihr „mulmiges“, aber ehrliches Bauchgefühl gehört!
Das heißt, dass wir die gefühlsmäßigen Informationen der ersten Sekunden einer Begegnung mit Menschen, Objekten oder Situationen nicht ignorieren dürfen. Wir empfangen solche Informationen durch inneres Sehen, Riechen, Schmecken, Hören, Fühlen, Tasten oder Spüren und dieser Impuls steuert unser unmittelbares Verhalten, unsere Reaktionen. Wir dürfen in einem solchen Augenblick niemals das Denken über dieses Empfinden stülpen. Dann würden wir nämlich ausschließlich rational und somit falsch entscheiden.

Keine Lösung im Stress

Man hat Ihnen in Ihrer Firma die Lösung einer sehr komplizierten Aufgabe zugeteilt.
Stundenlang brüten Sie schon über einem Problem. Sie haben alle erdenklichen Tricks und Überlegungen angewandt, den genialen Geistesblitz mit Hilfe Ihres Intelligenzquotienten (IQ) zu bekommen. Selbst eine Überdosis Kaffee und Zigaretten hat Sie zu keiner Lösung gebracht. Abgespannt, frustriert und verzweifelt gehen Sie nach Hause. Sie ärgern sich über Ihre vergeudete Anstrengung, Ihre Arbeit ist liegen geblieben und morgen müssen Sie das doppelte Pensum erledigen. Sie fühlen sich leer und ausgepowert.
Wie gehen Sie vor, wenn Sie zu Hause angelangt sind? Machen Sie es sich bequem, legen Sie die Beine hoch und hören Sie eine angenehme, entspannende Musik. Während Sie so daliegen, überdenken Sie noch einmal das Problem in Ruhe. Ihr Bauchgehirn ist jetzt aktiv und sendet die ersten Impulse an das Kopfgehirn. Und plötzlich macht es „klick" und Sie wissen die Lösung. Diese ist so einfach und genial, dass es leicht geschehen kann, sie wieder in Frage zu stellen. Denn wenn es so simpel wäre, warum sind Sie dann nicht schon viel früher auf diese Idee gekommen? Die Antwort ist einfach: Sie haben sich so angestrengt, so abgemüht, eine Lösung herbeizuführen, dass Sie gar nicht mehr entspannt waren. Sie befanden sich stattdessen in einem hochfrequenten Wachbewusstsein. Und dort baut sich in solchen Situationen immer nur Stress auf.

Ein anderes Beispiel:
Sie möchten für Ihre Firma eine neue Maschine kaufen. Nachdem Sie sich von verschiedenen Herstellern beraten

ließen, fällt Ihre Wahl auf das Modell Y. Sie sind dabei nur im Kopf und haben nicht ein einziges Mal Ihr Bauchgehirn befragt. Nun lesen Sie in einer Fachzeitschrift einen kritischen Testbericht über das Modell Y. Und selbstverständlich interessieren Sie sich für diesen Testbericht, denn Sie bekommen möglicherweise noch viele zusätzliche wichtige Informationen. Sie sind für diese so lange offen, bis Sie eine endgültige Entscheidung getroffen haben.

Doch sobald dies geschehen ist und sei es auch nur vorläufig, sind Sie nicht mehr bereit, sich weiterhin unvoreingenommen zu informieren. Sie haben bereits mit dem Kopf gewählt, fühlen sich an diese Wahl gebunden und meiden zwanghaft all die Informationen, die Sie zum Umschwenken veranlassen könnten.

Warum aber setzen Sie sich nicht als Erstes mit Ihrem Bauchgehirn in Verbindung? Sendet es Ihnen ein warnendes Gefühl? Dann wünschen Sie sich abends kurz vor dem Einschlafen eine Idee, welche Maschine für Sie die ideale wäre. Wie soll sie sein? Umwelt- und bedienungsfreundlich, preiswert, langlebig, wartungsfreundlich, günstig im Unterhalt? Sie werden einen entsprechenden ersten Impuls erhalten. Möglicherweise bekommen Sie die Antwort im Traum.

Erst jetzt sollten Sie sich von einem Fachmann beraten lassen. Sie stellen Ihre Fragen dann aus dem Bauchgehirn und erfahren durch Ihre beiden zusammengeschlossenen Gehirnhälften die richtige Antwort im Kopfgehirn. Die Entscheidung, die Sie jetzt treffen, ist dann die richtige für Sie.

Es gibt aber auch gerade in der Geschäftswelt oft Situationen, die rasche Entscheidungen unter Zeitdruck erfordern. Sie müssen spontan handeln. Sie hören dann nicht auf Ihre innere Stimme, sondern wägen das Pro und Kontra

der einzelnen Argumente schnell im Kopf ab. Und damit entscheiden Sie ausschließlich intellektuell. Dabei bräuchten Sie nur Ihr Bauchgefühl mit dem Kopfgehirn zu synchronisieren, um auch unter Zeitdruck ganz entspannt auf die richtige Lösung zu kommen.
So mächtig unser IQ auch ist, er bestimmt unsere intellektuelle Denkweise aufgrund logischer Argumente durch rationale Informationsverarbeitung und ist deshalb für eine Entscheidungsfindung unzulänglich. In der Wirtschaft glaubt man jedoch immer noch, sich Bauchgefühle nicht leisten zu können und qualifiziert sie als emotionale Verunsicherungen ab.

Laden Sie in Pausen Ihre Energie wieder auf

Das entscheidende Kriterium für komplexe Leistung liegt im Zusammenwirken von körperlicher und geistiger Entspannung. Der halbe Tag ist vergangen und jetzt steht die Mittagspause an. Nutzen Sie diese nicht für hektische Besorgungen. Verbringen Sie sie auch nicht nur beim Essen und Plaudern mit anderen, so schön das auch sein kann.
Nutzen Sie, sofern es geht, die Zeit für einen kurzen Mittagsschlaf, dem sogenannten Nickerchen. Als es noch längere Mittagspausen gab und die Menschen nach Hause zum Essen gingen, regenerierten sie sich häufig auf diese Weise. Sie nahmen ihre Probleme mit in ihre kurze Entspannung hinein und erwachten mit neuen Ideen oder Lösungen und konnten diese mit frischem Elan umsetzen.
Die Siesta in den südlichen Ländern Europas dient dem gleichen Zweck. Das haben die Amerikaner den Europäern abge-

schaut. Inzwischen richten in den USA immer mehr Firmen Ruheräume für ihre Mitarbeiter ein, damit sie sich in den Pausen regenerieren können.
Sie möchten Ihr Leben verbessern. Entspannen Sie sich deshalb in Ihrer Mittagspause von der geistigen Überflutung des Vormittags. Es ist dabei völlig egal, ob Sie daheim eine Entspannungsmusik hören oder in Ihrer Firma in einem ruhigen Raum alleine sind oder aber im Sommer sich irgendwo draußen ein stilles Plätzchen suchen. Tauchen Sie in eine wohltuende Phantasiewelt ein und lassen Sie Bilder, Gedanken und angenehme Gefühle frei fließen. Zehn bis fünfzehn Minuten reichen für eine solche Regeneration aus. Dann empfangen Sie auch wieder neue Impulse von Ihrem Bauchgehirn, Ihre Leistungskurve steigt an, so dass Sie am Abend entspannt und mit einem zufriedenen Gefühl Ihren Arbeitstag beenden.

Es ist das Geheimnis erfolgreicher Menschen, solange wie möglich auf der Alpha-Frequenz und damit in der inneren Ruhe zu bleiben. Arbeit ist dann für sie keine Anstrengung, sondern bereitet ihnen Freude. Und Freude wiederum beflügelt und vermittelt Glücksgefühle, die im Bauchgehirn entstehen und Ihnen Kraft, Energie und Visionen vermitteln.

Wer in der Geschäftswelt nachhaltigen Erfolg haben oder ihn steigern will, sollte mehr mit seinem emotionalen Quotienten als seinem Intelligenzquotienten arbeiten. Machen Sie es wie Aristoteles Onassis: Hören Sie auf Ihre innere Stimme und vertrauen Sie ihr. Die Silva-Methode liefert Ihnen dafür die notwendigen Werkzeuge.

Entwickeln Sie Ihr Lebenskonzept

Ich möchte Sie anregen, in Ihrem Leben neu durchzustarten. Drücken Sie die „Reset-Taste“ und erwecken Sie all Ihre versteckten Fähigkelten. Streichen Sie als erstes das Gefühl des Versagers und machen Sie sich bewusst, dass Sie alle Grundstrukturen in sich tragen, um ein Erfolgsgenie zu werden.

Jeder Mensch bringt ein großes Potenzial an Fähigkeiten mit auf diese Welt. Doch die meisten dieser Fähigkeiten liegen brach, weil wir keinen Zugang zu ihnen haben und sie deshalb nicht ausschöpfen können.

Als neu geborene Wesen benutzen wir ausschließlich unsere Gefühle, um durch Schreien, Weinen oder Lachen die seelische und körperliche Liebe und die Aufmerksamkeit zu bekommen, die wir benötigen. Unsere Persönlichkeit festigt sich im Maße der erhaltenen Zuneigung. Je älter wir werden, umso mehr erforschen wir unsere Umgebung. Das alles geschieht intuitiv ohne jegliches kalkuliertes Kopf-Konzept. Ein Baby denkt über gar nichts nach. Und dennoch funktioniert alles hervorragend. Es bekommt, was es braucht und will. Angst ist ihm fremd, denn sie ist kopfgesteuert und wird erst über das Denken zur realen Macht. Ein Baby lebt aus dem Augenblick heraus, es kennt keine selbst auferlegten Zwänge. Es hat Spaß, gurgelt selig und findet seinen Schlaf dann, wenn es zufrieden ist und bereinigt dabei alles,

was ihm gefühlsmäßig nicht gut getan hat. Es aktiviert bei all dem seine inneren, unwillkürlich ablaufenden Mechanismen, ohne das kopflastige Denken einzuschalten.
Im Kleinkindalter imitiert das Kind seine Eltern und Spielgefährten, die ihm besonders vertraut sind. Sein Bedürfnis ist uneingeschränkt auf Genuss und Wohlbefinden ausgerichtet. Erfährt ein solches Wesen frühzeitig Liebesentzug, speichert es dies als den größten Verlust von Wohlbefinden. Werden Kleinkinder frühzeitig kritisiert, verlieren sie ihre Spontanität, ihre Furchtlosigkeit und damit ihr Selbstbewusstsein. Sie entwickeln statt dessen Versagensangst, fühlen sich gehemmt in ihren spontanen Lebensäußerungen und trauen nicht mehr ihren intuitiven Bauch-Impulsen. Sie würgen damit den natürlichen Drang ab, die Welt durch Berühren, Schmecken, Riechen und Fühlen zu entdecken. Ein Gefühl der Unzulänglichkeit bemächtigt sich ihrer und darin liegt die Wurzel der Versagensängste im späteren Erwachsenenalter, das sich auch in körperlichen Symptomen zeigen kann.
Haben Sie als Kind vielleicht abgespeichert, dass Sie nur dann geliebt werden, wenn Sie die Erwartungen der Erwachsenen erfüllen und Ihr Denken darauf programmiert, anderen zu gefallen? Möglicherweise bäumen Sie sich in der Pubertät dagegen auf, aber das verändert Ihr so frühzeitig abgespeichertes Gedankenmuster leider nicht. Stattdessen erfahren Sie aufgrund des so lange anhaltenden emotionalen Drucks körperliche Schmerzen. Meistens meldet sich dann der Solarplexus in Form von Bauchschmerzen. Mit wachsender Angst vor Zurückweisung kann aber auch der Herzschlag schneller werden oder Sie bekommen schmerzhafte Probleme mit der Wirbelsäule, dem Nacken oder den Schultern. Mund und Hals werden trocken, die Blase erweist sich als schwach oder Sie bekommen Kopfschmerzen oder Allergien.

Der Druck „ich muss funktionieren“ schädigt am meisten das Bauchgefühl. Magen- oder Darmschmerzen sind eine Folge davon, das eigene Leben zugunsten anderer zurückzunehmen.

In der Adoleszenz nach der Pubertät, dem späteren Abschnitt des Jugendalters, verwerfen viele ihre bis dahin gültigen Grundhaltungen und stellen meistens ihre elterliche Erziehung (erziehen bedeutet „ziehen“) in Frage. Sie wählen sich dann Idole aus, nach denen sie leben wollen oder sie suchen, angeregt durch entsprechende Bücher, nach neuen Lebensstrategien. Auf diese Weise entwickeln sie erstmals ein eigenes Lebensgefühl.
In dieser Phase ist es besonders wichtig, dass Eltern die Jugendlichen in ihrer Entwicklung belassen. Einfach beobachtend begleiten und nicht die jugendliche Persönlichkeit bewerten. So erleben Sie mit, wie Ihre jugendlichen Kinder ein eigenes Konzept für ihr Leben entwickeln. Trauen Sie deren inneren Führung und blockieren Sie sie auf gar keinen Fall, indem Sie ihre Entscheidungen und Handlungen im Vorfeld gleich ablehnen. Falls Sie bei dieser lebenswichtigen Neustrukturierung den Jugendlichen Zweifel einpflanzen, kann kein gutes Ergebnis herauskommen. Haben Sie keine Angst, sondern erwarten Sie einfach eine positive Entwicklung durch eine positive Einstellung. Mit einer negativen Einstellung ziehen Sie auch eine negative Entwicklung an.

Gehen Sie nie diffus durchs Leben

Erkennen Sie, dass Ihre Erwartungen Ihrem eigenen Wesen entspringen. Sie basieren auf Ihren Werten und Ihrem Glauben an Ihre Realität. Ihr Glaube bildet sich schon früh und nun kreieren Sie neue Aspekte für Ihr Leben dazu und bestimmen Ihr Selbstkonzept. Es besteht aus einem Bündel von Ideen, Gefühlen und Überzeugungen. Alles, was Sie in Ihrem Leben aus Ihrem Inneren erfahren und im Kopf akzeptieren, auch Dinge, die objektiv gesehen nicht wahr sind, werden Teil dieses Selbstkonzeptes.
Es ist für ein erfolgreiches Leben wichtig, Klarheit über sich und seine angestrebten Ideale zu bekommen. Dafür müssen Sie wissen, wer Sie sind und in welche Richtung Sie sich entwickeln wollen. Gehen Sie nie diffus durchs Leben. Je klarer Sie Ihre Ziele vor Augen haben, umso mehr sind Sie motiviert, selbstbestimmt zu handeln. Achten Sie genauestens auf die Schwachstellen Ihres Selbstbildes. Wenn Sie diese anerkennen, können Sie Ihr inneres Bild von sich selbst so verändern, dass Sie Ihr Auftreten, Ihre Ausstrahlung, Kompetenz und Ihr Selbstvertrauen immer weiter verbessern.
Mögen Sie sich selbst? Betrachten Sie sich als einen wertvollen Elternteil, Manager, Verkäufer, Sportler oder Kollege? Je besser Sie mit sich selbst umgehen, umso besser kommen Sie mit Ihrem Leben zurecht.
Seien Sie sich bewusst, dass nicht nur in der Adoleszenz der Mensch in der Lage ist, seine Strategien und Konzepte zu ändern, sondern dass dies ein ganzes Leben lang möglich ist.

Eine sehr negative Programmierung bei den meisten Menschen lautet: „Das kann ich nicht!“ In meinen Seminaren mache ich meinen Teilnehmern bereits am ersten

Tag klar, dass sich dahinter die Angst vor Versagen verbirgt. Darum wird dieser Satz bewusst umstrukturiert in „das will ich nicht“. Das ist eine vollkommen bewusste Verneinung oder Ablehnung von etwas, was ich nicht tun will und damit habe ich eine klare Entscheidung getroffen. Wenn ich etwas will, dann kann ich es auch. Wenn Sie etwas wirklich mit Herz, Seele und Körper wollen, dann schaffen Sie es auch, egal was es ist. Weder das Familienleben, Beziehungen noch beruflicher Stress können das verhindern. Sie finden dank Ihrer Intuition immer einen Weg und eine Lösung, die Sie und andere zufrieden stellt.
Ich habe so viele Menschen erlebt, die hart gegenüber sich selbst sind. Diese Härte hat ihre tief sitzende Ursache in der eigenen frühen Lebensgeschichte. Menschen, die sich als Kinder immer verletzt fühlten und sich ihre Wunden nie angeschaut und ins Reine gebracht haben, verdammen sich selbst dazu, ständig aufs Neue verletzt zu werden und auch selbst zu verletzen. Gefühle werden unterdrückt, um keinen Schmerz zu spüren und der geleistete Schwur hinter dieser seelischen Abschottung lautet: „Ich möchte nie mehr verletzt werden.“
Aufgrund der vielen Verletzungen kommt es zur Selbstanklage, zur Selbstbeschuldigung, sie erniedrigen sich selbst und halten sich für schlechte Menschen, sonst würden sie doch nicht verletzt werden. Sie werten alles ab, was sie denken und tun. So entsteht Gefühllosigkeit sich selbst gegenüber und harte Urteile über sich selbst und andere.

Warum Sorglosigkeit fatale Folgen haben kann

Immer wieder höre ich sowohl von Privatpersonen als auch von Geschäftsleuten, dass sie die richtige Intuition hatten, aber nicht danach handelten. Dieses untrügliche Gefühl im Bauch war wieder einmal richtig. Wie ärgerlich und verlustreich stellt sich dann das spätere Ergebnis dar.
Das Bauchgehirn täuscht sich nicht. Höchstens wir können uns täuschen, indem wir nicht fähig sind, einen inneren Impuls von einer bereits gemachten und damit abgespeicherten Erfahrung zu unterscheiden. Das Gefühl im Bauch stimmt dann nicht mit unserer Vorstellung überein, der wir aber die Macht geben. Ergebnis: Fehlentscheidung! Mit dem jammervollen „hätte ich bloß...!" lassen sich dann die späteren, kopfgesteuerten Missgeschicke nicht mehr umkehren.

Es gibt Menschen, die einfach alles aus einer Sorglosigkeit heraus entscheiden. Sie sind sorglos, weil sie immer wieder ohne großen Aufwand Erfolge erzielen. Der Erfolg fällt ihnen quasi in den Schoß. Kommt der Erfolg durch Impulse aus dem Bauchgehirn zustande, bezeichne ich dies als eine „berechtigte Sorglosigkeit". Speichern sie aber Erfolge als unabdingbare Erfahrung in ihrem Kopfgehirn ab, kann das fatale Folgen haben.

Nur sorglos durchs Leben zu gehen, bedeutet, mögliche Risiken für sich und andere zu ignorieren. Das sorglose Verhalten ist eine erlernte Eigenschaft, die unter dem Begriff „gelernte Sorglosigkeit" bekannt ist. Kein Mensch bringt sie mit auf die Welt.
Fragen Sie Ihren Bauch, spüren Sie in sich hinein, ob ein Verhalten für Sie und andere geeignet ist oder nicht. Machen

Sie nicht immer und immer wieder denselben Fehler, indem Sie sagen: „Es ist schon so oft gut gegangen, es wird auch dieses Mal gut gehen." Prüfen Sie Ihre Entscheidungen jedes Mal aufs Neue, denn was einmal gut und richtig war, kann in einer anderen Situation absolut falsch sein.

Sehen Sie nicht alles nur durch die sorglose rosarote Brille. Das Bauchgehirn sendet Ihnen immer den im Augenblick richtigen Impuls. Hören Sie auf ihn und handeln Sie entsprechend, damit es hinterher kein böses Erwachen gibt.

Jedes Geschehen, jede Entscheidung hat einen anderen Inhalt, bedeutet eine andere Situation, selbst wenn es sich um das gleiche Thema handelt. Seien Sie also in jedem Moment bereit, den aktuellen Hinweisen aus dem Bauchgehirn zu folgen.

Viele Menschen ignorieren warnende Informationen, weil sie ihnen Sorgen bereiten könnten. Nach dem Motto: „Was ich nicht weiß, macht mich nicht heiß", schalten sie ihr Frühwarnsystem (Bauchgehirn) aus und können somit bevorstehende Risiken und Gefahren nicht wahrnehmen, um dann mit Sorgfalt zu handeln.

Stattdessen ignorieren sie die kritische Situation, denken und reden sich lieber etwas schön. Darüber hinaus bilden sie sich noch ein, doch alles Menschenmögliche getan zu haben, um ein Geschehen, eine Situation bestens zu erledigen. So etwas ist fehlgeleiteter Positivismus.

Die Illusion, immer alles im Griff zu haben, führt häufig zu riskantem Verhalten. Informationen über Risiken und Gefahren werden ignoriert. Um sich die eigene Sorglosigkeit zu bestätigen, sucht man die Nähe von Menschen, die einen darin bestärken. Und es werden genau diese Menschen gemieden, die das Gefühl der Sorglosigkeit in Frage stellen. Man fühlt sich von ihnen bedroht und qualifiziert sie als unglaubwürdig ab.

Erfolg und Misserfolg liegen dicht beieinander. Wer eine Vorwarnung seines Bauchgehirns wahrnimmt und akzeptiert, ist weder zu vorsichtig oder gar ein Feigling, wenn er nicht immer und um jeden Preis erfolgreich nach vorne prescht.

Deshalb kann ich immer wieder nur betonen: Lernen Sie, auf den eigenen inneren Impuls zu hören und Sie werden immer alles, was im Moment für Sie vonnöten ist, erfahren und so für Ihre Situation den richtigen Weg und Zeitpunkt kennen.

Natürlich kann eine Idee Sie euphorisieren. Ein solches Hochgefühl setzt beflügelnde Energien frei für ein durchgreifendes Handeln. Wichtig ist dabei, dass Sie einen klaren Blick behalten und vor lauter Sorglosigkeit und Schönfärberei nicht den Boden unter den Füßen verlieren. Diese gehören in den Bereich der Illusionen.
Das Gegenteil davon ist ein zu starkes Grübeln und eine zu ausgeprägte Vorsicht. Beide Emotionen können einen Menschen letztendlich nicht nur lähmen, sondern sogar depressiv werden lassen. Solche Menschen können nicht aktiv und erfolgreich handeln.

Um ein klares Lebenskonzept zu entwickeln, ist es wichtig, für alle intuitiv empfangenen Signale offen zu sein. Dazu zählen auch Warnungen für drohende Gefahren. Man muss sie nur wahrnehmen, entsprechend werten und handeln.

Frauen müssen kein Klischee erfüllen

In der heutigen Zeit sind Frauen leider immer noch kein gutes Beispiel für ein selbstbestimmtes Leben. Viele von ihnen fristen ein ihnen unangemessenes Dasein, weil sie eine alte, von den Vorfahren übernommene Einstellung kritiklos übernommen haben und unbewusst pflegen.

Nach der Heirat, dem ersten und weiteren Kindern, widmen sich Frauen meistens ausschließlich der Familie. Sie erfüllen ihre Pflicht, sind dabei aber unglücklich. Mit der Zeit schleicht sich ein Unbehagen ein, das sie gar nicht so richtig wahrnehmen. Vordergründig geht es ihnen ja gut und es gibt keinen Grund, sich zu beklagen – sagt das Kopfgehirn. Und dennoch sendet die Magengrube, das Bauchgehirn, ein stetig zunehmend mulmiges Gefühl. Dahinter verbirgt sich der Wunsch, mehr an der Welt draußen teilzunehmen.

Werden sogenannte Nur-Hausfrauen nach ihren Lebenszielen befragt, zeigt sich ein erschreckend einheitliches Bild: Sie bedauern, die traditionelle Frauenrolle nicht verlassen zu haben. Immer wieder hört man die gleichen Sätze: „Ich hätte mich mehr für den Beruf, anstatt nur für die Familie entscheiden sollen.“ Oder aber: „Ich hätte einen Mann heiraten sollen, der mich bei der Kindererziehung besser unterstützt.“ Oder: „Wir hätten unser Leben

nicht ausschließlich nach den Bedürfnissen meines Mannes ausrichten sollen." Und vieles Ähnliche mehr.
Kennen Sie diese vernichtende Aussage: „Ich bin ja nur Hausfrau?" Denken Sie auch so über sich? Was geschieht mit Ihnen, wenn Sie eine solche unterwürfige Aussage machen? Durch Ihr abwertendes Denken strahlen Sie genau das in Ihr Umfeld aus. Die meisten Menschen machen sich nicht klar, was sie denken und dass sich dies zu einem sichtbaren Ergebnis konkretisiert. Aus einer solchen Sackgasse kommen Sie nur heraus, wenn Sie Ihr Denken klar erkennen, es akzeptieren und korrigieren. Wer sich so klein macht, wird nicht nur von anderen klein gesehen, sondern hat bereits resigniert und alle Hoffnungen auf ein selbstverwirklichtes Leben aufgegeben.

Frauen sitzen oft passiv und hilflos in ihrem Jammertal und bedauern, Ideen nicht umgesetzt, und nichts aus den eigenen Begabungen gemacht zu haben. Dabei wäre es so einfach gewesen. Sie hätten nur ihrem Bauch-Impuls folgen müssen und garantiert eine Lösung gefunden, Mann, Familie und die eigenen Interessen, bis hin zu einer eigenen Karriere unter einen Hut zu bringen. Und zwar so, dass niemand auf der Strecke geblieben wäre. Denn das würde nur zu einem schlechten Gewissen führen und damit zu Unzufriedenheit und innerem Druck.
Steckt eine Frau in einem solchen Frauenklischee, dann muss sie ihre Einstellung dazu überprüfen und ändern. Sie packt dann an, was sie interessiert, setzt Kraft und Energie ein und erreicht damit ihr Ziel. Das erfüllt sie mit Stolz, steigert ihr Selbstbewusstsein und macht sie zu einer glücklichen Ehefrau und Mutter.

Der Sprung aus der Tradition ist immer möglich

Auch in späteren Jahren gelingt es vielen Frauen, aus der traditionellen Lebensweise auszubrechen. Sie resignieren nicht aufgrund ihres Alters, sondern widmen sich eifrig und mit aller Energie ihren neuen Zielen. Vielleicht holen sie ein lang ersehntes Studium nach, oder sie erlernen endlich die Sprache, die sie schon immer beherrschen wollten. Oder aber sie ergreifen entsprechend ihrer spezifischen Begabung eine kreative Tätigkeit.

Um das zu erreichen, dürfen Sie drei Punkte nie aus dem Auge verlieren:

- überprüfen Sie Ihr Leben,
- ändern Sie Ihre Einstellung,
- handeln Sie danach.

Sie werden erleben, welch unglaubliches Potenzial in Ihnen steckt und mit wie viel Kraft Sie auch anstrengende Situationen meistern können. Das beflügelt Sie total und stärkt Ihr Selbstbewusstsein.
In den Silva-Seminaren erzählen mir solche Frauen immer wieder, dass sie selbst überrascht waren, wie gut sie ihre Ideen umsetzen konnten und bei jedem auftauchenden Problem eine Lösung gefunden haben. Diese Frauen haben auf ihre innere Stimme gehört, sind ihr gefolgt und haben nie die Kommunikation zwischen Bauch- und Kopfgehirn unterbrochen. Und obendrein sind ihre Männer und Kinder stolz auf sie.

Ich hörte einmal von einem erfolgreichen Menschen den Satz: „Du musst eine Vision haben und diese verfolgen."

Eine meiner Seminarteilnehmerinnen gab ganz ehrlich zu, dass sie schon immer gewusst habe, zu mehr fähig zu sein, aber dass sie als junger Mensch viel zu bequem war, ihre Fähigkeiten zu entfalten. Wenn Sie also Ihr Leben verbessern wollen, um aus der Unzufriedenheit herauszukommen, müssen Sie handeln.

Lassen Sie sich nicht durch zu viel Grübeln nach unten ziehen. Dadurch werden Sie immer ängstlicher oder sogar depressiv und schon bald trauen Sie sich überhaupt nichts mehr zu. Ihr Körper reagiert darauf mit unterschiedlichen Symptomen, weil Sie immer mehr Energie verlieren. Sie schwächen damit nachhaltig Ihr Immunsystem.

Wer seine Weichen auf ständiges Tun eingestellt hat, ist keineswegs ausgebrannt oder überlastet. Es ist genau umgekehrt! Das Tun führt ständig Energie zu, man ist voller Power und verströmt das auch.

Denken Sie daran: Es ist auch für Frauen nie zu spät, das Leben neu zu gestalten. Rappeln Sie sich auf, leiten Sie Veränderungen ein, die Ihren Geist entspannen. Sie erkennen dann neue Aspekte, finden neue Ansatzpunkte für Ihr Leben und Ihr Wohlbefinden erhöht sich.

Mentale Power auf „Alpha“

Jeder Mensch kann die Tür zu seinem Bauchgehirn öffnen und diese universelle Informationsquelle für sein Leben nutzen. Intuition ist ein ahnendes Erfassen, das willentlich gezielt zum Einsatz gebracht werden kann.

Bis zur Entdeckung des Bauchgehirns meinten die Wissenschaftler, dass es sich bei der Intuition um einen spontanen, nicht steuerbaren und daher nicht erlernbaren Vorgang handle. Durch spezielle Übungen kann jedoch jeder lernen, den Zugang zu all seinen kreativen Potenzialen zu bekommen. Intuition auf Abruf wird durch das Alpha-Training nach der Silva-Methode möglich. Sie erlangen Informationsebenen, die dem kontrollierten Alltagsverstand verschlossen bleiben. Auf der Alpha-Frequenz (siehe auch folgendes Kapitel auf Seite 93) geht es nicht um Wunschvorstellungen, sondern um konkretes Erschaffen der Wirklichkeit.

Immer und überall geht es um Entscheidungen. Tagtäglich müssen Menschen nicht nur Verantwortung für sich selbst, sondern auch für ihre Familien oder für Mitarbeiter übernehmen. Aus der Hektik schnelllebiger Situationen heraus, treffen sie aber nicht die richtigen Entscheidungen. Sie spüren Ihre Bauchinformation nicht, nehmen die Geistesblitze nicht wahr und verlassen sich ausschließlich auf die hin- und herüberlegende, zweifelnde Ratio, weil sie dabei viel zu erregt sind.

Lernen Sie, die geistige Ruhe zu trainieren und die Alpha-Wellen in den Vordergrund Ihres Denkprozesses zu stellen. Sie lernen durch die Silva-Methode, auf Alpha zu verweilen, Ihrer Intuition zu trauen und eine schnelle und dauerhafte Synchronisation beider Gehirnhälften zu erreichen.
In gezielten Übungen kommen Sie auf Alpha zu größtmöglicher Konzentration und können diszipliniert Probleme jeglicher Art lösen. Aus der geistigen Ruhe heraus bewältigen Sie dabei alle Stressfaktoren. Etwas Neues erlernen oder ein Umdenken veralteter Denkmodelle erfordert schnelles Begreifen. Sie erkennen für sich neue Chancen durch subjektive Wahrnehmung und entscheiden entsprechend.
Jede Handlung ist mit einer Emotion verknüpft. Kein einziger Mensch handelt ohne Gefühl. Mit der Silva-Methode werden Sie durch geistige Ruhe in mentaler Power trainiert. Dabei müssen Sie nicht erst in einen körperlich entspannten Zustand gebracht werden. Es geht ja darum, immer und überall Ihre innere Fähigkeit für sofortige Entscheidung und Handlung einzusetzen.
Ob nun als Spitzensportler oder Manager, jeder sollte diese Fähigkeit beherrschen. Sie ist notwendig für ein erfolgreiches, mit Höchstleistungen gespicktes Dasein, das gleichzeitig eine bemerkenswert hohe Lebensqualität einschließt. Auf Alpha veränderte Verhaltensmuster oder Lebensziele werden in der Realität schneller und leichter erreicht. Durch Synchronisation von Bauch- und Kopfgehirn aktivieren Sie auch Ihre Selbstheilungskräfte bei Unwohlsein oder Krankheit.
Wer sich vornehmlich auf der Alpha-Frequenz befindet, erfasst spontan Persönlichkeitsstrukturen von Familienmit-

gliedern, Freunden, Bekannten und Mitarbeitern, erkennt sofort Schwachstellen in Familien, Beziehungen oder Firmen, erspürt sehr schnell extreme Stimmungsschwankungen und kann damit besser umgehen.
In Gesprächen wissen Sie, ob der andere auch wirklich meint, was er sagt. Es geht hier nicht nur um die Wahrheitsfindung, sondern um ein ganzheitliches Erfassen. Manchen Menschen fehlt beispielsweise der Wortschatz für das ihnen innewohnende Wissen. Wenden Sie in solchen Fällen eine bestimmte Technik für das subjektive Sehen, Lesen, Empfinden an und Sie wissen, wo der andere steht und können ihn akzeptieren.

Denken Sie in Bildern

In meinem Workshop „Führen und Therapieren" geht es darum, herauszufinden, wo sich der andere geistig befindet, um ihn an diesem Punkt „abzuholen". So brauchen Manager und Chefs nicht immer alles zehn Mal zu erklären. Nach diesem Workshop können sich die Teilnehmer zum Beispiel durch visuelles Denken auf einen Vortragenden einstellen und das Gesagte innerlich begreifen und behalten.
Ist man selbst der Vortragende, findet man durch diese Visualisierungstechnik immer die richtigen Worte. Redner, die aus dem Bauch heraus reden, sprechen mit einer inneren Überzeugung, die für die Zuhörer lebendig ist. Sie sind visuell bei der Sache, es fehlt ihnen nie an Worten und so wird selbst ein trockener Stoff oder eine trockene Materie locker herübergebracht.
Ich erinnere mich an ein beeindruckendes Erlebnis, das ich an der Universität Innsbruck hatte, als Professor Platzer über die

Anatomie so lebendig sprach, als erzähle er einen spannenden Roman. Ich hatte überhaupt keine Mühe, mir den Menschen anatomisch vorzustellen und gedanklich mitzugehen.
In den Silva-Seminaren spielen die Übungen mit der Materie im subjektiven Denkbereich eine wichtige Rolle. Es öffnen sich dadurch die Kanäle der Vorstellungskraft. Denn was wir uns vorstellen können, verstehen wir auch und erfassen es mit all unseren Sinnen.
Warum kommt beispielsweise ein Kind verzweifelt aus der Schule, wenn es ein Mathematikbeispiel nicht verstanden hat? Weil es sich die Materie einfach nicht vorstellen konnte und daran gescheitert ist.

Es ist für das Begreifen wichtig, die subjektive bildhafte Vorstellung wieder zu erwecken und mit der objektiven Wirklichkeit zu koppeln.

Das Bauchgehirn und die Alpha-Frequenz

Wie Sie mit der Silva-Methode Tür und Tor öffnen können, um Botschaften vom Bauchgehirn zu empfangen. Der Schlüssel dazu ist eine von José Silva entwickelte Technik auf einer tieferen Bewusstseinsstufe, bei der das Gehirn Alpha-Wellen produziert – eine dynamische Meditation, die nicht nur entspannt, sondern mit der man aktiv sein gesamtes geistiges Potenzial nutzen kann.

Verschiedene Gemütszustände wie Aufregung, Misstrauen, Bedenken, Zweifel, Stress oder Gelassenheit aktivieren im Gehirn unterschiedliche Schwingungen. Die wichtigsten vier Ebenen der Gehirntätigkeit sind: Beta-, Alpha-, Theta- und Deltawellen. Man kann diese Hirnströme mit Hilfe eines Elektroenzephalogramms (EEG) aufzeichnen. An das Gehirn angeschlossene Elektroden messen die Schwingungen je Sekunde (= Hertz). Da es bei allen vier Wellenbereichen fließende Grenzen gibt, ergeben sich bei jedem Menschen geringfügige Abweichungen.

- **Delta (0 – 4 Hertz)**
  Der Mensch befindet sich auf der Delta-Frequenz in einem bewusstlosen Zustand, wie kurz nach der Geburt oder kurz vor dem Tod. Wenn das Gehirn keine Impulse mehr sendet, zeigt das EEG keine Frequenzen mehr an (Flatline)

– der Gehirntod ist eingetreten. Über den Zustand auf der Delta-Frequenz ist sehr wenig bekannt.

- **Theta (5 – 7 Hertz)**
  Auf der Theta-Frequenz befindet sich der Mensch in einem Körper und Geist regenerierenden Tiefschlaf. Es ist der Bereich des völligen Wohlbehagens. Narkotisierte Menschen befinden sich ebenfalls auf Theta („Narkosefrequenz").

- **Alpha (8 – 13 Hertz)**
  Hier verschwimmt die Grenze zwischen dem Schlaf- und Wachbewusstsein. In diesem Ruhezustand ist der menschliche Geist am aufnahmefähigsten für die eigene Intuition und Kreativität. Das Bewusstsein ist nach innen gerichtet, nimmt aber gleichzeitig die äußere Welt wahr. Jeder Mensch befindet sich abends kurz vor dem Einschlafen und morgens kurz nach dem Aufwachen unbewusst auf der Alpha-Frequenz. Auch in den Traumphasen produziert das Gehirn Alpha-Wellen. Im Alpha-Bereich erhalten wir uns einen seelisch und körperlich gesunden Rhythmus. Konzentration und Wohlbefinden steigern sich. Das bewusste Nutzen der Alpha-Frequenz entspricht der Fähigkeit eines Genies. Hier ist auch der sogenannte sechste Sinn zu Hause – das begrenzende Zeit-Raum-Gefühl hat keine Bedeutung.

- **Beta (14 – 21 Hertz und höher)**
  Ein Mensch im völligen Wachbewusstsein befindet sich auf der Beta-Frequenz. Die Gehirnwellen eines Menschen mit einem normalen Tagesablauf ohne besondere Höhen und Tiefen schwingen um 21 Hertz. Auf dieser äußeren Bewusstseinsebene des logisch-rationalen Denkens wird

gehandelt. Man hat hier ein Zeit-Raum-Gefühl und nutzt seine fünf äußeren Sinne Sehen, Hören, Riechen, Schmecken und Tasten.

Ständig erhöhte Gehirnfrequenzen machen krank

Bei Angst und Stress steigt die Gehirn-Frequenz auf über 21 Hertz an. Das schwächt nachhaltig unser Immunsystem und die stets in unserem Körper gegenwärtigen Krankheitskeime und Viren werden aktiv, schwächen unsere Zellen – der Mensch wird krank. Bei höheren Beta-Frequenzen überstürzen sich die Gedanken, alles Mögliche geht einem gleichzeitig durch den Kopf, wird verworfen und wieder aufgegriffen. Man ist nervös, kann nicht still sitzen, ist außer sich, hat keine Kontrolle mehr über seinen Geist und kann das Wesentliche nicht mehr erfassen. „Man ist auf 180!"
Auf einer solch hohen Frequenz ist jeglicher Zugang zum Bauchgehirn blockiert. Die höchste Schwingung von 85 Hertz je Sekunde wird bei einem epileptischen Anfall gemessen, wenn das Gehirn aufs Äußerste erregt ist. Aufwühlende Emotionen wie Ärger, Groll, Eifersucht, Angst, Nervosität oder zu große Besorgnis erhöhen die Beta-Gehirntätigkeit und es kommt zu Konzentrationsschwächen, Lernschwierigkeiten und/oder Reizbarkeit.

Wenn aufgrund von Erregung Gehirnwellenfrequenz und Gehirntätigkeit zunehmen, irritiert dies auch das Bauchgehirn. Der Mensch handelt nicht mehr nach seinem natürlichen Empfinden, da er psychisch blockiert ist. Er kann die negativen Einflüsse immer weniger abwehren, was ihn

zusehends schwächt. Das Bauchgehirn ist „außer sich". Die entsprechenden Neurotransmitter (Botenstoffe) für einen gut funktionierenden Stoffwechsel kehren sich ins Gegenteil um. Die Zellen arbeiten nicht mehr in rhythmisch ausgeglichener Weise.
Bauch- und Kopfgehirn erfahren die gleiche Veränderung. Wissenschaftler haben dies vor allem bei Patienten der Alzheimerkrankheit nachweisen können. Unsere beiden Gehirne arbeiten also gewissermaßen als duales System synchron miteinander.

Ein Deutscher entdeckt die Alpha-Frequenz und José Silva nutzt sie

Wenn also ein Übermaß an hoch schwingenden Gehirnwellen die Wurzel so vieler gesundheitlicher Probleme ist, leuchtet es ein, dass eine Lösung nur durch eine niedrigere Gehirnfrequenz, und zwar der Alpha-Frequenz, erreicht werden kann. Je häufiger sich ein Mensch auf Alpha befindet, desto gesünder ist er an Körper, Geist und Seele.

José Silva hatte in jungen Jahren bereits von Experimenten gelesen, die zu Beginn des zwanzigsten Jahrhunderts zur Entdeckung der Alpha-Frequenz führten. Sie gelang dem deutschen Neurologen und Psychiater Professor Hans Berger (1873 – 1941) an der Universität Jena. Berger konnte damals zum ersten Mal mit Hilfe eines Elektroenzephalographen das Hirnstrombild der unversehrten Kopfhaut als EEG aufzeichnen. Weil es die erste gemessene Gehirnfrequenz war, nannte man sie Alpha-Frequenz.

José wusste daher, dass bei geistiger Tätigkeit Elektrizität produziert wird. Als Elektroniker war ihm klar, dass der Stromkreis mit dem geringsten Widerstand der ideale Stromkreis ist, da er die elektrische Energie am besten ausnutzt. Er stellte sich die Frage: Würde das Gehirn ebenfalls wirksamer funktionieren, wenn man den Widerstand verminderte? War ein willkürliches Vermindern des Widerstandes überhaupt möglich?

Mittels Hypnose begann José, den Geist seiner Kinder zu beruhigen und er entdeckte etwas, das paradox erschien. Er fand heraus, dass das Gehirn in weniger aktivem Zustand leistungsfähiger ist, dass es auf niedrigeren Frequenzen mehr Informationen aufnimmt und speichert.

Nach vielen Experimenten meisterte José die Herausforderung, den Geist bei dieser niedrigen Frequenz, die der Ein- und Aufwachphase und dem Tagträumen zugeordnet ist, wach zu halten.

Bei vielen routinierten Alltagstätigkeiten ist der Mensch, ohne es zu wissen, auf der Alpha-Frequenz. Das ist auch bei automatisch ablaufenden Handlungen der Fall, wo wir dennoch hoch konzentriert sein müssen. Sie sind uns aber aufgrund von langjährigen Wiederholungen in Fleisch und Blut übergegangen.

Zum Beispiel das Auto fahren. Trotz voller Konzentration fühlen wir uns wohl und fahren entspannt. Es ist eine wunderbare Fahrt auf der Autobahn. Sie befinden sich auf der Überholspur und die Strecke sieht sehr sicher aus. Plötzlich haben Sie ohne jedes erkennbare Vorzeichen das Gefühl, dass das Auto vor Ihnen auf Ihre Spur wechseln wird. Nur aufgrund dieser Idee gehen Sie schon einmal vorsichtshalber etwas vom Gas herunter. Und genau das

war richtig, denn schon schert das andere Auto ohne zu blinken auf Ihre Fahrbahn aus.
Wenn Sie das immer und immer wieder registrieren, wissen Sie, dass es Intuition war. Sie lernen, ihr zu trauen und brauchen dann nicht mehr zu sagen, dass dies oder jenes Geschehen in Ihrem Leben ein Zufall war.

Lernen Sie, Handeln und Gefühl bewusst zu koordinieren. Spüren Sie in Ihren Bauch hinein und treffen Sie Ihre Entscheidung. Wenn Sie sich bei der Lösung einer wichtigen Frage nur auf Ihren Kopf verlassen und das dazugehörige Bauchgefühl ignorieren, kann die Entscheidung falsch ausfallen. Erinnern Sie sich nach einem Misserfolg an die leise Stimme, die Ihnen etwas anderes zu vermitteln suchte, ist es zu spät. Ihr Groll oder Ihre Selbstvorwürfe und auch der Schwur „Das passiert mir nie wieder" helfen nichts mehr.
Das Problem ist, dass wir in unserem Kopfgehirn eingefahrene Muster eingespeichert haben. Das bedeutet, dass man in einer ähnlichen Situation wieder aus dem Kopf heraus falsch entscheidet. Hören Sie also unbedingt auf die leise Bauchstimme. Sie vermittelt Ihnen den ersten Eindruck. Es gibt kein Handeln ohne Gefühl und kein Gefühl ohne Informationen aus dem Bauchgehirn.

Im Wachbewusstsein auf die Alpha-Frequenz zu gelangen, dort zu bleiben und nicht einzuschlafen, ist der wesentliche Grundbaustein der Methode von José Silva. Er nannte sie die aktive oder auch „Dynamische Meditation", weil man immer bewusst bei der Sache ist und damit jederzeit handlungsfähig bleibt.

So kommen Sie auf „Alpha“

Während den dreitägigen Silva-Seminaren bringe ich die Teilnehmer immer wieder auf die Alpha-Frequenz, auf der sie zahlreiche mentale Techniken für Erfolg und Lebensalltag erlernen. Die Methode ist so einfach, dass sie jederzeit, in jeder Situation und überall angewandt werden kann.

Um auf die entspannte Alpha-Frequenz zu kommen, der sogenannten Grundstufe, verwenden wir bei der Silva-Methode eine simple Zähltechnik, bei der rückwärts gezählt wird („Drei-zu-Eins-Methode“).

- Die Zahl 3 verknüpfen wir mit der körperlichen Entspannung. Stellen Sie sich die Zahl 3 vor und erspüren Sie dabei körperliche Anspannungen, die Sie während des Visualisierens der Zahl auflösen, um so in einen körperlich entspannten Zustand zu kommen.
- Die Zahl 2 ist verbunden mit der geistigen Entspannung. Während Sie die Zahl 2 visualisieren, stellen Sie sich eine angenehme Situation aus Ihrem Leben vor. Sie kommen dadurch in die geistige Ruhe ohne störende Gedanken.
- Die Zahl 1 verbinden Sie während des Visualisierens mit einem entspannten, ausgeglichenen Gefühlszustand, den Sie in Ihrem Körper als Wohlbefinden spüren. Wenn Sie an diesem Punkt sind, wissen Sie sofort, dass Sie auf der Alpha-Frequenz sind.

Die Übung

- Machen Sie es sich auf einem Stuhl oder in einem Sessel bequem. Sitzen Sie aufrecht, so dass das Rückgrad gerade ist und bleiben Sie während der gesamten Übung in dieser Position sitzen.
- Schließen Sie die Augen und atmen Sie langsam und bewusst tief ein. Beim Ausatmen visualisieren und wiederholen Sie im Geist dreimal die Zahl 3. Dann wiederholen Sie den Vorgang dreimal mit der Zahl 2 und dreimal mit der Zahl 1.
- Jetzt sollten Sie schon entspannt sein. Wenn nicht, beginnen Sie noch einmal von vorn. Wenn Sie ein zweites Mal starten, spielen Sie ein wenig mit den Zahlen, versuchen Sie diese in Gedanken in der Farbe Ihrer Wahl zu malen. Wenn Sie entspannt sind und sich wohl fühlen, sind Sie bereits auf der Alpha-Frequenz. Machen Sie sich bewusst: Visualisieren ist ein inneres Empfinden, ein Fühlen oder Riechen oder ein sonstiges Spüren.
- Wählen Sie jetzt, wie lange Sie in diesem Zustand bleiben möchten und beginnen Sie sofort, effektiv geistig zu arbeiten. Denken Sie zum Beispiel an ein Problem, das Sie schon lange belastet, und für das Sie noch keine Lösung gefunden haben. Bleiben Sie aktiv bei der Sache und konzentrieren Sie sich voll auf das zu lösende Thema. Auf Alpha empfinden Sie die Problematik anders. Aufgrund der inneren Ruhe steigen in Ihnen neue Ideen hoch, mit denen Sie Ihr Problem bewältigen können. Bauch- und Kopfgehirn kommunizieren in Leichtigkeit miteinander.
- Verweilen Sie so lange auf dieser Frequenz, bis Sie aus Ihrer Mitte heraus das neue Ergebnis empfangen. Visualisieren Sie die Botschaft und lassen Sie Ihr gelöstes Problem wie einen Film mit allen dazugehörenden Empfindungen an Ihrem geistigen Auge vorüberziehen.

- Wenn Sie fertig sind, kommen Sie aus der Alpha-Frequenz heraus, indem Sie langsam von 1 bis 5 zählen und sich sagen, dass Sie bei 5 die Augen öffnen werden, hellwach, sehr zufrieden und vollkommen gesund sind und sich besser fühlen als zuvor.
- Zurück im Wachbewusstsein, handeln Sie sofort entsprechend der inneren Information.

Diese Drei-zu-Eins-Methode verwenden wir, um uns schnell und gezielt zu entspannen und dadurch einen inneren langsameren Rhythmus zu erreichen.
Sie können so jederzeit in wenigen Minuten Kraft schöpfen und Ihr inneres Wissen abrufen.

In langer Vorzeit, als die Menschen noch in der Natur als Jäger und Sammler lebten, brauchten sie ihre Intuition, um mögliche Gefahrenquellen rechtzeitig zu erspüren. Dieses Urwissen schlummert auch heute noch in jedem Menschen. Erwecken Sie es wieder zu neuem Leben.

Besser und besser durch tägliches Training

Üben Sie täglich. Sie werden merken, dass Sie bei voller Konzentration so lange auf Alpha bleiben können, wie Sie wollen. Sie sind dann irgendwann sogar in der Lage, die Alpha-Frequenz mit offenen Augen zu erreichen. Sie werden erkennen, dass Sie sich nicht unbedingt körperlich entspannen müssen, um geistig entspannt zu sein.
Es ist wie bei einem Spitzensportler, der das mentale Training beherrscht und einsetzt, um seinen Sieg zu visua-

lisieren, dabei aber nicht in eine körperliche Ruhepause verfällt. Stellen Sie sich einen erfolgreichen Marathonläufer vor. Während seine Beine laufen, ruht sein Geist in sich selbst. Er ist somit in seiner Mitte, haushaltet entsprechend mit seiner körperlichen Kraft und ist am Ende der Sieger. Inzwischen sickert auch über die Medien immer öfter die Erkenntnis durch: „Jeder Sieg, jeder Erfolg entsteht zuerst im Geist."

Von erfahrenen Wiederholern der Seminare bekomme ich immer wieder das bestätigt, was ich lehre. Sie wenden die Silva-Methode überall mit offenen Augen in ihrem Alltag an und haben damit die außergewöhnlichsten Erfolge. Ob es so banale Dinge sind, wie ein visualisierter freier Parkplatz in der vollgestopften City einer Großstadt oder der Fall von Gisela M., die schon seit über 20 Jahren die Silva-Methode anwendet. „Ich zeltete mit meiner Familie wild an einem idyllisch gelegenen Strand in Italien", erzählte sie mir. „Das kleine Zelt stand kaum sichtbar unter Büschen versteckt – wir fühlten uns sehr sicher. An einem bestimmten Tag beschlich mich jedoch ein mulmiges Gefühl, als wir zum Einkaufen den Platz verließen. Wir waren bereits etliche hundert Meter entfernt, als ich aus ‚heiterem Himmel' zur Rückkehr drängte. Ich spürte tief in mir, dass irgendetwas nicht in Ordnung war. Ich hatte dann spontan das konkrete Bild vor Augen, dass ein Mann vor unserem Zelt kniete, den Reißverschluss hochzog und unsere Kamera aus dem Zelt stehlen wollte. Gott sei Dank hörte mein Mann auf mich, wir drehten um und kamen genau in dem Augenblick zum Zelt, als in der Tat ein Ganove vor dem Zelt kniete und gerade dabei war, den Reisverschluss hochzuziehen. Ich weiß heute nicht mehr, wer verdutzter dreinblickte – der Dieb oder wir. Jedenfalls bewahrte uns meine spontane Eingebung, die ich mit offenen Augen empfangen hatte, und die spontane Reaktion vor einem Verlust." Genau so funktioniert es: Den ersten Eindruck wahrnehmen, ihm vertrauen und – handeln!

Ein weiteres Beispiel aus einem meiner Seminare: Eine Teilnehmerin erzählte mir, dass sie eines Tages in ihrer Firma am Schreibtisch saß und grübelte. Ein unangenehmes Gefühl stieg in ihr hoch, das sie nicht kannte, weil sie sich bislang an ihrem Arbeitsplatz sehr wohl gefühlt hatte. Sie ließ dieses Gefühl zu, spürte es intensiv und wusste sofort, dass sie nicht mehr in ihrer Mitte war. „Ich erkannte", sagte sie, „dass ich früher den ganzen Tag über auf Alpha war und es mir deswegen sehr gut ging. Ich war immer motiviert und erledigte meine Arbeit mit Leichtigkeit." Sie setzte sich mit ihrem Problem auseinander und arbeitete daran auf Alpha. Schon bald fühlte sie sich wieder so gut wie vorher. „So einfach ist das", lachte sie mich überglücklich an.
Ja, es ist so einfach. Motivieren Sie sich täglich selbst, indem Sie alles, was Sie tun, mit einer anderen Einstellung bewältigen, und dabei in Ihrer eigenen Mitte bleiben. Ihre Zufriedenheit ist dann Ihr Geschenk an Sie selbst, weil Sie alles mit Freude erledigen.

Streben Sie es an, solange wie möglich auf der Alpha-Frequenz zu bleiben. Das ist vor allem in Notsituationen besonders hilfreich, wie das erste Beispiel zeigt. Warum? Wenn Sie die Lösung eines Problems erreichen wollen, ist es wichtig, Ihre Gehirntätigkeit in den oberen Alpha-Bereich von circa zwölf Hertz zu bringen. Denn dort erhalten Sie spontan die richtigen Botschaften aus Ihrem Bauchgehirn. Und Sie können sofort überprüfen, welche Information aus dem Bauchgehirn als erster Eindruck emporsteigt. Der Bauch liefert uns auf Alpha seine eigene Weisheit, ohne vom IQ gestört zu werden.

Von Anfang an wollte José Silva in seinen Seminaren die Menschen dahin führen, dass sie auf Alpha in jedem Augenblick Hinweise aus ihrem Inneren erhalten, während sie sich in ihrer Umgebung völlig normal bewegen und verhalten.
Ein Mensch, der sich wohl fühlt und seine innere Ruhe in alltäglichen Lebenssituationen bewahrt, ist auf Alpha.
Ich bezeichne dies als ein erstrebenswertes Wohlfühlprogramm, das jedem Menschen gut tut. Man kann damit sein Leben erfolgreich gestalten, aktiv sein, ist handlungsfähig und lebt in seiner Eigenständigkeit. Niemand muss sein eigenes Selbst verleugnen, indem er sich hinter einer anderen Zugehörigkeit versteckt.
Mir fällt dazu ein Zitat von Wilhelm Busch ein: „Wer in die Fußstapfen anderer tritt, hinterlässt keine eigenen Spuren."

Immer wieder bestätigen mir Seminar-Teilnehmer, dass sie die besten Ideen haben, wenn sie sich wohl fühlen. Aber sie setzen diese nicht in die Tat um, weil ihnen diese Ideen zu wenig plausibel erscheinen. Indem Sie begreifen, dass Ihre besten Ideen schon immer auf der Alpha-Frequenz entstanden sind, ändern Sie sehr schnell Ihre Einstellung und wissen ab jetzt: Der wichtigste Schritt zum Erfolg heißt, solche Ideen auch in die Tat umzusetzen. Um die dafür notwendige Entscheidungskraft zu aktivieren, brauchen Sie zusätzlich Disziplin, Zielstrebigkeit und Vertrauen in sich selbst.
Sicherlich fragen sich jetzt einige, ob das alles überhaupt machbar ist. Es ist nicht nur machbar, sondern der einzige Weg, um leistungsfähiger und kreativer als bisher durchs

Leben zu gehen. Dabei sollen wir aber nicht mit dem Kopf durch die Wand gehen. Erreichen wir eine Entspannung nur sehr schwer, dann hat der Körper möglicherweise zu viel gegeben, sein Limit ist erreicht oder gar überschritten.
José Silva hat uns immer und immer wieder geraten: „Lernt Euren Körper und Geist zu kontrollieren, geht nicht über die Leistungsgrenze hinaus, regeneriert Euch rechtzeitig."
Körper und Geist sind eine Einheit. Auf Alpha regenerieren wir uns wesentlich schneller und effektiver als im normalen Wachbewusstsein.

Wir sind auf der Alpha-Frequenz, wenn wir in uns ein Gefühl von Harmonie und Ausgeglichenheit spüren. Wenn wir uns am Tag in unseren Träumen verlieren, sind wir zwar auf Alpha, doch dabei handelt es sich um unkontrolliertes, diffuses Wunschdenken. Tagträumen ist meistens mit Sehnsüchten verknüpft, wie dem Wunsch nach einem besseren Leben, einer neuen Liebe oder nach mehr Geld. Die Silva-Methode beinhaltet viele Techniken, mit deren Hilfe Sie Ihre Gedanken kontrollieren können. Sie wissen dann sofort, ob es sich bei einem Gedanken um Wunschdenken oder Intuition handelt.

Warum es wichtig ist, die Silva-Methode zu erlernen

Wollen Sie uneingeschränkten Zugang zu Ihrem gesamten kreativen Potenzial haben, müssen Sie lernen, die Alpha-Frequenz willentlich zu produzieren.
Das Alpha-Training ermöglicht es, Zugang zu Informationsebenen zu erlangen, die dem willkürlich beeinflussten,

kontrollierten Alltagsverstand verschlossen sind. Sobald Sie die Alpha-Technik beherrschen, haben Sie die ersehnte Fähigkeit einer „Intuition auf Abruf" erlangt. Selbst die Zukunft ist jederzeit einsehbar.
Geistige Höchstleistungen werden ohne den Zauber der Mystik erzielt, die dem eher nüchtern-pragmatischen Denken der heutigen Zeit sowieso kaum mehr entspricht.

Obwohl sich die Seminar-Teilnehmer bei allen Übungen auf einer tieferen Bewusstseinsstufe befinden, verlieren sie dabei nie die Kontrolle über sich. Nichts geschieht in Trance oder Hypnose. Sie können sich zwischendurch bewegen und jederzeit bei allen Programmierungen willentlich Änderungen vornehmen, wenn ihnen etwas nicht gefällt. Sie sind immer Herr der Lage.
Der Aufbau und das methodische Vorgehen des Seminars gewährleistet, dass alle Übungen zu Hause wiederholt werden können. Auch später noch bleibt das im Seminar erreichte Energieniveau erhalten.
Mit den Techniken der Silva-Methode werden Menschen fähig, ihre Begrenzungen zu überschreiten. Ungeahnte Möglichkeiten eröffnen sich damit für Wirtschaft, Technik, Wissenschaft und Politik, aber auch für die persönliche Entwicklung, für eine bessere Lebensplanung und gesteigerte Lernfähigkeit des Einzelnen. Größtmögliche Konzentration, schnelle Lösung schwieriger Aufgaben, zukunftsorientierte Informationen – das sind nur einige Beispiele, die ich hier anreißen möchte.

Zuerst bringe ich Sie auf eine entspannte Bewusstseinsstufe, damit Sie kontrolliert auf der Alpha-Frequenz arbeiten können. Diese Übung der bereits erwähnten Dynamischen

Meditation dauert etwa 25 bis 30 Minuten. Sie hat jedoch einen Haken: Kommen Sie tiefer als die obere Alpha-Frequenz von rund zwölf Hertz, fallen Sie in einen leichten Schlaf und bekommen die Übung überhaupt nicht mehr mit. In Schlaf zu verfallen, bedeutet entweder, dass Sie sehr erschöpft sind oder dass Sie sich Ihren inneren Aufgaben nicht stellen wollen. Nach mehreren Übungen wissen die Seminarteilnehmer aber, wie wichtig es ist, immer konzentriert bei der Sache zu bleiben, um ihr Leben umstrukturieren zu können. Es macht ihnen viel Spaß.

José Silva riet in einem seiner Bücher, von einhundert bis eins zurückzuzählen, um geistige Disziplin zu trainieren und kontrolliertes Wohlbefinden zu erreichen. Wenn Sie dann irgendwann bei 79 nicht mehr wissen, ob Sie bei 79 oder 77 sind, merken Sie, dass Sie unkonzentriert waren und müssen noch einmal von vorne beginnen. Machen Sie ein Spiel daraus und üben Sie dies so lange, bis Sie mühelos bei der Zahl Eins angekommen sind.
In herkömmlichen Meditationen erreicht man Entspannung, indem man sich einfach fallen lässt. In diesem passiven Zustand findet jedoch niemand den Zugang zu einer kreativen, lebensverbessernden Dimension. Bei der Silva-Methode hingegen geht es darum, auf einem tieferen Bewusstseinszustand geistig aktiv zu arbeiten.

Sie erlernen und üben das Visualisieren, damit beide Gehirnhälften synchron arbeiten und die rechte Gehirnhälfte die so wichtigen Botschaften aus dem Bauchgehirn empfängt. So fließen Ihnen Ideen frei zu. Sie können diese sofort umsetzen und dadurch in unserer heutigen Informationsgesellschaft besser bestehen. Wir üben im Seminar zielführende, zukunftsorientierte Intuition, denn das ist die Basis zu einem langfristigen Erfolg. „Wissen ist in Dir", lautet meine Devise.

Immer wieder werde ich gefragt, was man in das Seminar mitbringen muss. Meine Antwort: nur sich selbst, Interesse und Neugier für unbekannte Erfahrungen. Ängste sind hier fehl am Platz, denn es geschieht nichts, was Sie selbst nicht jederzeit kontrollieren, ändern oder auch beenden können. Die bewusste Kontrollfähigkeit über alles Geschehen ist keine Sekunde ausgeschaltet.

Wir trainieren vor allem Disziplin und Zielstrebigkeit. Viele Menschen wissen, was sie in ihrem Leben tun sollten, aber sie versäumen den Akt des Handelns. Sie geben ihre Energie stattdessen ins Grübeln hinein und schieben tatkräftiges Handeln vor sich her. So gerät viel Unerledigtes in ihrem Leben in die geistige Warteschleife. Über kurz oder lang melden sich dann quälende Gedanken. Man findet keine innere Ruhe mehr. Es baut sich zusätzlich Stress auf, wenn zu dem vielen alten Unerledigten noch Neues hinzu kommt. Die Somnologen (Schlafforscher) sehen das als die wesentliche Ursache für Schlafstörungen an.

Einen Zauberstab für Erfolg durch Nichthandeln kann ich Ihnen nicht anbieten. Alles muss durch Handeln umgesetzt werden. Aber ich weiß und versichere Ihnen: Was Sie auf Alpha aktivieren, setzen Sie auch in die Tat um.

Die Silva-Methode im Alltag

Das Silva-Grundseminar beinhaltet vierzehn unterschiedliche Techniken. Einige davon erläutere ich in diesem Kapitel, um Ihnen verständlich zu machen, wie Sie immer wieder durch geistige Disziplin Bauch- und Kopfgehirn koordinieren und praktisch nutzen können.

Basis für alle Techniken der Silva-Methode ist der „geistige Bildschirm", den die Seminarteilnehmer auf Alpha visualisieren. Er kann beispielsweise eine Kinoleinwand sein oder ein Riesenfernseher. Wenden Sie Ihre geschlossenen Augen leicht nach oben und positionieren Sie Ihren geistigen Bildschirm rund 20 Grad über der horizontalen Sichtlinie. Er sollte einige Meter weit weg sein und sich keinesfalls auf der Innenseite Ihrer Augenlider befinden. Erwecken Sie mit dem Er-innern Ihre Vorstellungskraft. Nur was Sie bereits kennen, können Sie sich auch vorstellen.
Um Ihre subjektive Wahrnehmung und damit Ihre inneren Sinne zu schärfen, machen Sie folgende Übung: Visualisieren Sie auf Ihrem geistigen Bildschirm einen Apfel. Empfinden Sie ihn und merken Sie sich alles, was Ihnen dabei in den Sinn kommt. Welche Farbe hat der Apfel? Benutzen Sie Ihre Hände, holen Sie ihn näher an sich heran und teilen Sie ihn im Geiste in zwei Hälften. Wie schmeckt das Fruchtfleisch, wenn Sie gedanklich hineinbeißen? Schmeckt die Schale anders? Wie riecht der Apfel? Spüren und schmecken Sie die braunen Kerne? Läuft Ihnen gar das Wasser im Mund zusammen? Wenn Sie den Apfel nicht auf Ihrem geistigen Bildschirm

sehen, dann malen Sie ihn einfach. Oder schreiben Sie großzügig das Wort „Apfel“ auf den Bildschirm. Ich nenne das geistige Aufzeichnung. Geistiges Schreiben und Lesen trainiert das Gedächtnis. Es ist übrigens eine von vielen Fähigkeiten, die ein Genie auszeichnet.
Nehmen Sie alle Gefühle zu Ihrem Apfel intensiv wahr, denn das sind Ihre subjektiven Beziehungspunkte. Alles, was Sie auf diese Weise durch Ihre Vorstellungskraft erschaffen und gefühlt haben, können Sie in Zukunft verknüpfen und deuten, sobald Sie Informationen aus dem Bauchgehirn erhalten.

Mit dem Auge empfangen wir wie mit einer Kamera Signale, die an das Gehirn weitergeleitet und dort als entsprechendes Bild produziert werden. Genauso verhält es sich mit dem inneren Sehen. Wir benutzen das Gehirn, um auf Alpha ein inneres Bild zu erschaffen. Mit Vorstellungskraft oder Visualisierung verbinden die meisten Menschen ein inneres Sehen. Doch die subjektive Wahrnehmung kann auf verschiedenen Ebenen geschehen:

- **Visuell**
  Der Sehtyp empfindet und sieht klare Bilder. Bei einer inneren Warnung sieht der Visuelle zum Beispiel sprichwörtlich schwarz.

- **Auditiv**
  Der Hörtyp kommt zum selben Ziel – nur nutzt er sein inneres Hören. Er hört in sich hinein. Seine innere Stimme warnt ihn, wenn er von anderen Menschen schöne Worte hört, die nicht ehrlich gemeint sind. Er hört, was er tun oder besser unterlassen soll.

- **Olfaktorisch**
  Wer das innere Schmecken und Riechen aktiviert, arbeitet mit dem olfaktorischen Lappen (Riechnerv). „Das riecht nach einer üblen Sache“ oder „das stinkt mir!“

- **Kinästhetisch**
  Der Bewegungstyp sieht und fühlt auf seinem geistigen Bildschirm Bewegungsabläufe, wie „den Weg sollte ich gehen“ oder „etwas steht mir im Wege.“

Visualisieren ist also mit allen Sinnen möglich, die wir auch vom Äußeren kennen. Es kommt allein darauf an, welcher dieser Sinne besonders stark ausgeprägt ist, um ihn zum Visualisieren zu nutzen. Ob jemand sein Ziel sieht, riecht, schmeckt, hört oder als Bewegung wahrnimmt – immer gehört zum Erreichen dieses Ziels ein intensives gutes Gefühl dazu.

Aktivieren Sie Ihre innere Uhr

Eine Technik der Silva-Methode, die den Seminar-Absolventen täglich nützt, ist die Einschlaf- und Aufwachkontrolle. Wach bleiben mit vielen Tassen Kaffee ist mit der Silva-Methode out. Sie bleiben wach, indem Sie einfach Ihren Geist kontrollieren. Weil alles immer in beide Richtungen funktioniert, können Sie mit entsprechender Visualisierungsübung auch jederzeit bewusst einschlafen.
Dasselbe gilt auch, wenn Sie mitten in der Nacht aufstehen müssen, um beispielsweise zum Flughafen zu fahren. Sie werden lernen, Ihre innere Uhr einzustellen und müssen sich nicht mehr von einem schrillen Wecker wecken lassen.

Begeben Sie sich mit der Drei-zu-Eins-Methode auf Ihre Grundstufe. Erschaffen Sie sich nun auf Ihrem geistigen Bildschirm eine Uhr. Ob Biedermeier-, Bahnhofsuhr oder eine Swatch – es spielt keine Rolle. Nehmen Sie die aktuelle Uhrzeit wahr und drehen Sie jetzt den Zeiger dieser visualisierten, inneren Uhr in Ihrer Vorstellung solange weiter, bis Sie die Uhrzeit haben, zu der Sie aufwachen möchten. Sagen Sie sich dann in Gedanken: „Das ist die Zeit, zu der ich aufwachen möchte und das ist die Zeit, zu der ich aufwachen werde." Und Sie werden gut erholt und topfit zur gewünschten Zeit aufwachen.
Sie können auch tagsüber immer wieder Ihre geistige Uhr einstellen. Vielleicht sind Sie gerade in ein Gespräch verwickelt und dann fällt Ihnen plötzlich eine gute Idee zu einem anderen Thema ein. Sie brauchen keine Angst zu haben, diese Idee wieder zu vergessen. Sagen Sie sich einfach in Gedanken: „In zwei Stunden werde ich mich wieder an diese Eingebung erinnern." Es wird funktionieren. Machen Sie daraus ein tägliches Gedächtnistraining. Es ist gesund für Ihre grauen Gehirnzellen und hält Sie geistig fit bis ins hohe Alter. Der Satz „Hoffentlich vergesse ich das nicht" gilt ab sofort nicht mehr für Sie.

Wie Sie den Jetlag austricksen

Flugreisende, die von Nord nach Süd oder umgekehrt fliegen, kennen keinen Jetlag, da die Zeitzonenverschiebung nicht die Breitengrade betrifft. Wer aber von Ost nach West und umgekehrt reist, überfliegt mehrere Längengrade und somit Zeitzonen. Das wirbelt den Schlaf- und Wachrhythmus in

unserem Organismus gehörig durcheinander. Unser inneres Zeitgefühl stimmt nicht mehr mit der Ortszeit überein. Es stellt sich der Jetlag (engl.: „lag“ = Rückstand, Verzögerung, Zeitunterschied) ein.
Nach einer Studie des Wiener Physiologen und Chronobiologen Professor Dr. Wolfgang Marktl liegt der Grund für dieses Phänomen in den zirkadianen Rhythmen unseres Körpers, die innerhalb von vierundzwanzig Stunden ihre Hochs und Tiefs haben. Die Körpertemperatur steigt im Laufe des Tages an und sinkt in der Nacht ab. Aber auch Blutdruck, Herzschlag, Verdauung, Hormone und andere Körperfunktionen folgen ganz spezifischen Rhythmen. All diese „ups and downs“ werden von einer inneren Uhr gesteuert, die unabhängig von äußeren Signalen stetig weitertickt. Der innere Zeitgeber läuft im Fünfundzwanzig-Stunden-Rhythmus. Erst die äußeren Zeitgeber sorgen dafür, dass wir dem Vierundzwanzigstundentag nicht hinterher hinken.
Dank dieses Taktgebers kann sich die innere Uhr jeden Tag neu justieren und den Menschen auf vierundzwanzig Stunden synchronisieren. Das macht deutlich, wie einfach es ist, eine Stunde zu korrigieren, da unser Körper das täglich macht.

Fixzeiten, wie die üblichen Arbeits-, Essens- und Ruhezeiten spielen eine Rolle als äußere Taktgeber für den Organismus. Doch der wichtigste Impuls ist der Hell-Dunkel-Wechsel von Tag zu Nacht und umgekehrt. Über den Sehnerv gelangt die Information in die Gehirnregion des Hypothalamus. Von dort aus wird die Information „Licht“ an die Zirbeldrüse weitergeleitet, die unter anderem für die Produktion des Hormons Melatonin – auch „Boten der Dämmerung“ genannt – verantwortlich ist. In dem Maße, wie das Tageslicht abnimmt, steigt die Melatoninproduktion im Körper an. Wir werden müde und bereiten uns aufs Schlafen vor. Überfliegt man nun im Jet-Tempo mehrere Zeitzonen, verändern sich zwar die äußeren Zeitgeber, die innere Uhr aber ist noch auf den bisherigen Zyklus programmiert. Und das Melatonin wird solange zur falschen Zeit ausgeschüttet, bis sich die innere Uhr dank der Außenreize wieder nachjustiert hat.

Nach Erkenntnissen der Raumfahrtbehörde NASA benötigt man für jede überquerte Zeitzone einen Tag, um in den normalen Tagesrhythmus zurückzukehren. Anders gesagt: Die innere Uhr kann sich pro Tag nur eineinhalb Stunden nachjustieren. Dennoch scheint diese Anpassungszeit von Mensch zu Mensch unterschiedlich zu sein. Während die einen behaupten, selbst bei extremen Zeitzonenverschiebungen kaum Schwierigkeiten zu haben, brauchen andere unter Umständen eine Woche, um wieder in ihrem normalen Takt zu sein. Dabei ergaben Beobachtungen, dass Frühaufsteher mehr Probleme mit dem Jetlag haben als Nachtschwärmer.

Menschen, die an starre Strukturen gewöhnt sind, werden von der Zeitverschiebung stärker beeinflusst als andere. Junge Menschen haben seltener Jetlag und Kleinkinder unter drei Jahren sind bis auf einzelne Ausnahmen gar nicht davon betroffen.

Jetlag kann die Lebensqualität vorübergehend beträchtlich mindern. Störungen des vegetativen Nervensystems, Schlaflosigkeit oder überhöhte Müdigkeit, Unwohlsein, Konzentrations- und/oder Orientierungslosigkeit, Verdauungsbeschwerden und Zyklusstörungen bei der Frau sind dabei mitunter massiv ausgeprägt.

Urlauber büßen im schlimmsten Fall ein paar Urlaubstage ein, bis sie wieder fit sind. Aber Geschäftsreisende können unter Jetlag-Einfluss möglicherweise gravierende Fehlentscheidungen treffen.

Wie lösen wir nun mit der Silva-Methode das Problem Jetlag? Informieren Sie sich bereits vor dem Flug nach der Ortszeit des jeweiligen Landes. Begeben Sie sich auf Alpha und stellen Sie sich Ihre innere Uhr mit der momentanen Uhrzeit vor. Drehen Sie jetzt im Geiste die Uhrzeiger soweit vor, bis Sie die Ortszeit des jeweiligen Landes aufweist. Sagen Sie sich im Geiste: „Das ist die Zeit, in der ich von nun an leben möchte und das ist die Zeit, in der ich von nun an leben werde." Damit haben Sie eine zweifache Programmierung geschaffen. Tätigen Sie Ihr Nickerchen während des Fluges genau zu der Zeit, in der es am Zielort Nacht ist.
Nach der Ankunft empfiehlt es sich, viel Zeit im Tageslicht zu verbringen, um die Melatoninproduktion zu stoppen. Nehmen Sie die Tageszeit und die neue Umgebung so auf, als hätten Sie schon immer hier gelebt.

Bei Flügen nach Westen gibt es weniger Probleme mit dem Jetlag, da sich der Tag gleichsam verlängert. Weil unsere innere Uhr ohne äußere Zeitgeber im Fünfunzwanzig-Stunden-Takt schlägt, verkraften wir eine Tagesverlängerung besser als eine -verkürzung. Deshalb sollte der, den es westwärts zieht, einen Tagesflug buchen und versuchen, möglichst lange wach zu bleiben.
Wer gen Osten fliegt, wählt am besten einen Nachtflug und sollte so lange wie möglich schlafen. Nehmen Sie bitte keine Schlafmittel. Wenn möglich, fliegen Sie lieber Business Class, um genügend Platz zum Ausstrecken zu haben.
Wenden Sie die erlernte Technik an, um auf Alpha zu kommen und Sie werden am Zielort topfit sein. Sie geraten nicht in

die unangenehme Situation, vor lauter Müdigkeit kaum ein Wort herauszubringen oder aufgrund mangelnder Konzentration beispielsweise bei Vertragsabschlüssen schwerwiegende Fehler zu machen.
Programmieren Sie sich fit und erfolgreich – und Sie werden es sein.

Abends ist geistiger Hausputz angesagt

Unseren Körper reinigen wir morgens und abends mit einer ausgiebigen Dusche. Aber wie sieht es mit unserer Psyche aus? Wir brauchen auch für unsere innere Klarheit unbedingt ein von Ballast gereinigtes Bewusstsein. Darum ist der tägliche geistige Hausputz am Abend sehr wichtig.
Gehen Sie mit der Drei-zu-Eins-Methode auf Alpha und visualisieren Sie sich an einen Entspannungsort Ihrer Wahl. Erinnern Sie sich an einen Ort, der Ihnen besonders gut gefällt oder von dem Sie gehört oder Bilder gesehen haben. Wichtig ist, dass es ein realer Ort ist und kein fiktiver. Sie müssen aber deswegen nicht unbedingt dort gewesen sein. José Silva legte immer großen Wert darauf, auch in der Entspannung mit zwei Beinen fest im Leben zu stehen.
Begeben Sie sich im Geiste an diesen Ort, empfinden Sie ihn, spüren Sie jede Erinnerung, die Sie mit diesem Ort verbindet. Tauchen Sie in dieses Bild völlig ein. Verweilen Sie dort solange, bis Sie sich so richtig wohl und in Ihrer Mitte fühlen. Wünschen Sie sich, alles zu erfahren, was Sie an diesem Tag im Beruf, in der Familie oder anderswo nicht zufriedenstellend erledigt haben. Öffnen Sie Ihre Sinne für die Informationen, die hochsteigen und akzeptieren Sie

diese. Empfinden Sie dabei kein Gefühl von Kritik, sondern Hinweise für eine entsprechende Korrektur und nehmen Sie diese im Geiste unbedingt vor. Bekommen Sie keine Hinweise, um das eine oder andere Problem zu lösen, akzeptieren Sie das einfach und beenden Sie diese Übung ohne Groll. Sonst sammeln Sie wie ein Hamster weitere Ängste und Bedenken an. Nur wenn Sie gedanklich frei von negativen Gefühlen sind, können Sie noch in der Nacht oder am nächsten Morgen Hinweise für entsprechende Lösungen erkennen. Dann beginnen Sie den neuen Tag nicht mit dem Ballast des Vortages.
Wenn Sie den Dreck in Ihrer Wohnung nicht regelmäßig wegkehren, häuft er sich an. In unserem Innern ist das nicht anders. So viele Menschen schleppen jahrelang uralten Ballast mit sich herum. Täglich häuft sich neuer Müll an und kommt obendrauf. Das führt zu Raubbau und Energieverlust und mündet dann irgendwann in dem berühmt-berüchtigten Burnout-Syndrom.

Das Burnout-Syndrom befällt nach wissenschaftlichem Stand vorwiegend 30- bis 50-jährige, dynamische und ideenreiche Menschen, die sich oft zu hohe Ziele setzen. Diese stete innere Anspannung verschleißt Energiereserven. Um über diesen Energieverschleiß etwas zu erfahren, untersuchte man Menschen in sozialen Berufen wie Ärzte und Krankenschwestern, die meistens ein Übermüdungssyndrom aufweisen. Von diesem Übermüdungssyndrom sind aber viel mehr Menschen betroffen. Dazu gehören auch überperfekte Mütter, Alleinerziehende oder Journalisten, genauso wie Manager und andere Führungskräfte.
Permanente Übermüdung, Konzentrationsschwäche, Erschöpfung, das Gefühl des ständig Überfordertseins und der Wunsch

nach Rückzug aus allem, sind nicht die einzigen Merkmale. Gesundheitlich kommt es zu Kreislaufschwäche, Schwindel, Rücken- und Herzschmerzen, Haut- und Verdauungsproblemen und bei Frauen vielfach zu Hormonstörungen.

Die Leistung des Menschen steigt anfangs stark an, bis der Gipfel der Leistungskurve erreicht ist, um dann wieder abzufallen. Wenn Sie in dieser Zeit eine Situation zur Verzweiflung bringt, baut sich die Leistungskurve nach oben nicht mehr auf. Das führt dann in die allgemein bekannte Stresszone, wo trotz wiederholter Anstrengungen nur unbefriedigende Ergebnisse herauskommen. Bleiben Sie dann im Dauerstress, weil Sie kein Adrenalin abbauen können, landen Sie im berüchtigten Stresstunnel, in dem dann gar nichts mehr geht. Sie fühlen sich ausgebrannt – burnout!

Wenn Sie sich dieser Gefahr bewusst sind, können Sie etwas dagegen tun. Gehen Sie auf Alpha und begeben Sie sich an Ihren idealen Entspannungsort. Betreiben Sie dort Psychohygiene, um sich von altem Ballast zu befreien. Sie werden staunen, wie leistungsstark Sie sind, wenn Sie auf diese Weise täglich Ihren inneren Hausputz erledigen und der Boden immer wieder nur für die kommende Tagesarbeit geebnet ist. Mit dieser Übung stärken Sie Ihre Persönlichkeit, festigen Ihre Gesundheit und sind immer frei von altem Ballast.

Sie können Ihren idealen Entspannungsort auch einfach für Ihre körperliche und geistige Regeneration nutzen. Wenn Sie sich rundum erholt fühlen, kommen Sie aus dieser Übung heraus, indem Sie von 1 bis 5 zählen. Sagen Sie sich dann: „Ich bin hellwach, sehr zufrieden, sehr ausgeruht und vollkommen gesund."

Träumen lässt sich genauso trainieren wie das Denken

Viele Menschen kommen bereits problembeladen in die Seminare. Bauch- und Kopfgehirn sind voll mit emotionalem und gedanklichem Unrat, der sich über Jahre angesammelt hat. Um diesen loszuwerden, gibt es eine weitere Methode von José Silva: die Traumkontrolle.
Schlaf ist für den Menschen lebensnotwendig. Aber ebenso wichtig sind unsere Träume. Eine Studie belegt das sehr deutlich. Testpersonen, die sich freiwillig zur Verfügung gestellt haben, wurden am Träumen gehindert, indem man sie jedes Mal zu Beginn der Traumphase weckte. Sie zeigten sich nach kurzer Zeit ängstlicher, reizbarer, aufgepeitschter und nervöser. Solche Veränderungen traten nicht auf, wenn diese Personen aus dem traumlosen Tiefschlaf geweckt wurden.

Im Traum erlebt der Mensch seine größten Abenteuer. Galten die Träume noch in der Antike als prophetische Offenbarungen, waren es bereits für Aristoteles Botschaften der eigenen Seele. Experimentell erforscht wird das Phänomen der Traumwelt erst seit rund 200 Jahren.
Nach der modernen Traumanalyse, die der Psychoanalytiker Sigmund Freud um 1900 entwickelt hat, sind Träume Impulse des Unbewussten und damit der Schlüssel zu den verborgenen Schichten unserer Psyche. Nach Freud wird im Traum alles Verdrängte ausgelebt, wozu er vor allem unterdrückte Wünsche und unausgelebte sexuelle Bedürfnisse zählte. Sein Schüler Carl Gustav Jung distanzierte sich von dieser Theorie und beschrieb den Traum als ausgleichenden Mechanismus, der dem Menschen hilft, nachts die Ereignisse des Tages zu verarbeiten.

Mitte des 20. Jahrhunderts begann eine neue Ära der experimentellen Traumforschung. Amerikanische Wissenschaftler entdeckten, dass Traumphasen durch schnelle Augenbewegungen unter den Lidern gekennzeichnet sind, den sogenannten Rapid Eye Movements (REM-Phase). Manche Forscher gehen davon aus, dass dabei das Gehirn unwillkürlich abgespeicherte Gedanken in Form von Bildern abruft, die sich gewissermaßen als „elektronische Gewitter" entladen. Wieder andere betrachten Träume als nächtliches Regenerationsprogramm für Körper, Geist und Seele.
Fakt ist: Beim Einschlafen nehmen wir unsere letzten Gedanken mit in die beginnende Schlafphase. Natürlich ist das noch kein Traum. Der Traum beginnt erst am Ende einer Tiefschlafphase. Die Wissenschaft unterscheidet heute zwischen drei Schlafphasen: Leichtschlaf, Tiefschlaf und REM-Phase. Ein Schlafzyklus dauert rund 90 Minuten und enthält alle drei Schlafphasen, die unterschiedlich lang sind. Schlafende Menschen befinden sich die meiste Zeit im Leichtschlaf. Die Zyklen enthalten in der ersten Nachthälfte längere Tiefschlafphasen, die für die körperliche Erholung, aber auch für das Lernen wichtig sind. REM-Phasen laufen hier sehr kurz ab, die erst in der zweiten Nachthälfte länger werden.

Erst seit rund 20 Jahren wird im Schlaflabor das Phänomen der sogenannten Klarträume wissenschaftlich erforscht. Dabei schläft der Mensch, bleibt jedoch auf gewisse Weise wach. Die Hirnstromkurve beweist, dass er träumt. Er befindet sich in einem Schwebezustand zwischen Schlafen und Wachen, bei dem die Sinne geschärft bleiben, die Gefühle sind stärker, der Intellekt ist wacher, Farben werden intensiver wahrgenommen und die Grenzen von Raum und Zeit verschwinden.

Im Schlaflabor haben Wissenschaftler mit Probanden eine willkürliche Augenbewegung vereinbart, die während der Klartraumphase bewusst durchgeführt wird. Dadurch können Klarträumer in diesem Zustand bewusst und aktiv reagieren. Jeder Dritte hat schon einmal einen Klartraum erlebt. Jeder kann aber lernen, das Traumgeschehen zu steuern und diese Fähigkeit dann kreativ nutzen. Schlafforscher an der Universität Heidelberg verwenden dafür eine spezielle Maske, die im Traumschlaf Lichtsignale auf die geschlossenen Augen sendet. Damit wird das Bewusstsein aktiviert und die Klarträumer können nun aktiv in ihren Traum eingreifen.

Was heute immer mehr wissenschaftlich erforscht und bewiesen wird, war José Silva aufgrund seiner empirischen Experimente schon lange klar. Auch hier war er wieder einmal seiner Zeit intuitiv weit voraus. José schöpfte aus seinen eigenen Klarträumen so viel Wissen, das er auf geniale Weise methodisch umsetzte, um es jedermann zugänglich zu machen. Er zeigte in seinen Seminaren, dass sich das Träumen genauso trainieren lässt wie das Denken.
Beginnen Sie beispielsweise in Szenen zu träumen. Sie können dann die Zusammenhänge besser erkennen. Es handelt sich bei José Silvas Traumtechnik um eine intensive Disziplin, die ich Ihnen in den Seminaren beibringe. Sie lernen bewusstes, kontrolliertes Träumen und wie Ihr Traum zu deuten ist. Wenn Sie diese nützliche Technik beherrschen, können Sie sie sofort in Ihr Leben integrieren.

- **Erster Schritt**
  Legen Sie sich Bleistift und Papier zurecht. Wünschen Sie sich kurz vor dem Einschlafen, einen Traum zu träumen, ihn sich zu merken, wach zu werden und ihn zu notieren.

Sie werden dann unmittelbar nach dem Traum aufwachen, sich an ihn erinnern und können sich kurze Notizen machen. Morgens, wenn Sie dann hellwach sind, können Sie über den Traum nachdenken und ihn überarbeiten. Da Sie Ihr Traumbewusstsein erst neu aktivieren müssen, rate ich, eine Woche lang jede Nacht nur mit einem einzigen Traum zu arbeiten.

- **Zweiter Schritt**
  Wenn Sie zufrieden mit Ihren Resultaten sind, dann geben Sie als weiteres Programm ein, dass Sie mehrere Träume träumen, sich an sie erinnern und unmittelbar danach wach werden wollen. Notieren Sie sich kurz jeden Traum, um am Morgen genauso damit zu verfahren wie im ersten Schritt beschrieben. Wenn es Ihnen gelungen ist, sich regelmäßig an Ihre Träume zu erinnern und sich mit ihnen zu beschäftigen, können Sie zum nächsten Schritt übergehen.

- **Dritter Schritt**
  Ihre Programmierung für eine Problemlösung in Ihrem Leben sollte lauten: „Ich möchte einen Traum träumen, der mir einen Hinweis gibt, wie ich mein Problem lösen kann." Sie werden diese Lösung träumen und richtig deuten können, denn in Ihrem Innern existiert sie bereits.

Diese drei Schritte sind wichtig, um Ihr Traumbewusstsein gezielt zu nutzen. Beachten Sie dabei, dass es nicht so sehr auf die Deutung der Bilder ankommt, sondern auf die damit verbundenen Gefühle. Sie erscheinen oft stark überzeichnet, um dem Träumenden den Kern eines Themas deutlich vor Augen zu führen. Solch ein starkes Gefühl, verbunden mit den Traumbildern, an die Sie sich erinnern, geht Ihnen nicht mehr verloren. Sie wissen sofort, worum es bei einer bestimmten Situation geht, sehen die Lösung und können entsprechend entscheiden und handeln.

Sie tragen das Potenzial für die Beantwortung all Ihrer Fragen in sich. Wie sollte Ihnen da ein fremder Traumdeuter helfen? Oder gar ein allgemeingültiges, auf jeden Menschen übertragbares Traumlexikon?

Studien haben bewiesen, dass kreative, phantasiebegabte Menschen mit einem guten Gedächtnis für Bilder und räumliche Strukturen, sich leichter an ihre Träume erinnern als andere. Auch in besonderen Stresssituationen erinnern sich Menschen häufiger und deutlicher an ihre Träume als sonst. Wenn Ihre Stimmung wegen existenzieller, familiärer, gesundheitlicher oder anderer Schwierigkeiten am Nullpunkt ist, und Sie keine aufbauende Sichtweise mehr für Ihr Leben haben, müssen Sie wissen, dass Sie auf einer erhöhten Beta-Frequenz sind.

Auf Beta, dem Wachbewusstsein, kommen Ihnen niemals gute Lösungen. Da unsere Stimmungen während der Nacht reguliert werden, ist es wichtig, die Traumkontrolle anzuwenden.

Die Traumforscherin Rosalinde Cartwright bestätigt: „Wenn Sie niedergeschlagen zu Bett gehen, beginnt das Gehirn sofort, nachdem Sie eingeschlafen sind, diese Stimmung mit negativen Trauminhalten zu bearbeiten. Gegen Ende der Nacht ist diese Arbeit dann erledigt, die Trauminhalte werden positiver." Wer die Technik der Traumkontrolle beherrscht, wird mehr und mehr erkennen, wie er damit den folgenden Tag besser meistern kann.

Die Arbeit mit dem Bewusstseinsspiegel

Problematische Situationen oder Dinge, die uns Unbehagen verursachen, können wir mit der Technik des Bewusstseinsspiegels korrigieren. Das Wort korrigieren deutet bereits darauf hin, dass wir etwas aktiv tun.
Denken Sie an irgendein Thema, das Sie beschäftigt oder an ein uraltes Verhaltensmuster, das Sie nicht in Ordnung bringen konnten, weil Sie die Ursache dafür nicht wissen. Beobachten Sie dabei das Gefühl in Ihrer Bauchgegend. Lassen Sie es hochkommen, damit Sie es im Geist verbessern können. Wenn Sie über alles Unangenehme, das in Ihnen hochsteigt, Zucker streuen, befreien Sie sich nicht davon. Sie setzen lediglich eine rosarote Brille auf und das ist keine wirkliche Lösung.
Ich möchte Sie noch einmal ausdrücklich darauf aufmerksam machen, dass positives Denken nicht funktioniert. Sie müssen alles anschauen und das in aller Deutlichkeit, auch wenn es noch so hart erscheint. Verdrängen Sie nichts. Und lassen Sie sich nicht von Menschen verunsichern, die sagen, man dürfe dieses oder jenes Wort nicht benutzen, nur weil es negativ sei. Sie können jedes beliebige Wort benutzen. Kein Wort ist negativ. Es können nur das Gefühl und der Gedanke zum Wort negativ sein. Und das bestimmen nur Sie selbst, denn Sie steuern Ihr Denken.
Bei dem Wort „Problem“ steigen nur dann negative Gefühle in Ihnen hoch, wenn Sie mit diesem Wort Negatives assoziieren. Jetzt haben Sie zwei Möglichkeiten: Wandeln Sie dieses negative Gefühl in ein angenehmes um. Spüren Sie gefühlsmäßig und gleichzeitig im Kopf ab sofort sogenannte Probleme als etwas, die zu unserem Leben gehören und uns eigentlich lehrreiche Erfahrungen bringen. Sie haben

damit eine Korrektur in Ihrem Geiste vorgenommen. Zukünftige Probleme sind dann für Sie Aufgaben und Herausforderungen, die lösbar sind. Egal, was es ist, setzen Sie sich damit auseinander und bringen Sie Ihr subjektives Denken mit dem objektiven Handeln in Verbindung. Wenn Sie einen Schmerz nur halb beseitigen, wird er weiterhin wehtun.

Es ist aber viel nützlicher, auf Alpha mit der Technik des Bewusstseinsspiegels zu arbeiten:

- Gehen Sie dafür mit der Drei-zu-Eins-Methode auf Ihre Grundstufe. Erschaffen Sie sich auf Ihrem geistigen Bildschirm einen Spiegel mit einem nicht so schönen Rahmen und betrachten Sie das zu lösende Problem in allen Einzelheiten als unangenehme Szene. Nehmen Sie die auftauchenden Gefühle in aller Deutlichkeit wahr. Weinen Sie ruhig, wenn Ihnen bei der Betrachtung die Tränen kommen. Im Alphazustand ist der Zugang zum Bauchgehirn offen. Fragen Sie es nach einer Lösung für dieses Geschehen.
- Nachdem Sie total in diese unangenehme Szene hineingegangen sind, kommt der nächste Schritt. Löschen Sie das Bild in dem Spiegel auf irgendeine Weise aus Ihrem Gedächtnis. Lösen Sie den Spiegel auf, werfen Sie ihn weg oder zertrümmern Sie ihn mit einem Hammer. Beseitigen Sie ihn immer nach rechts. Jetzt sind Sie bereit, ein neues Bild Ihrer Situation zu kreieren.
- Erschaffen Sie sich dafür als dritten Schritt einen neuen wunderbaren Spiegel mit einem herrlichen Rahmen. Projizieren Sie dahinein das Bild mit der Lösung, die aus Ihrem Innern hochsteigt. Malen Sie es in allen Details aus, stellen Sie sich diese Szene lebhaft vor, empfinden Sie dabei das angenehme Gefühl und vertrauen Sie dieser Lösung.

- Diesen neuen Spiegel nehmen Sie auf der linken Seite Ihres geistigen Bildschirmes wahr. Sehen Sie so oft wie möglich dieses Bild und visualisieren Sie es mit dem dazugehörigen Wohlgefühl solange, bis dieses Bild Realität geworden ist.

Durch das Fokussieren Ihres Zieles sind Sie offen für jede neue Anregung. Ihr Bauchgehirn lenkt Sie. Bleiben Sie aufmerksam für die gesendeten Informationen, arbeiten Sie zielgerichtet und handeln Sie entsprechend, um das Bild mit der Lösung Wirklichkeit werden zu lassen.

Wenn Sie sich mit Ihrem Leben nicht mehr identifizieren können, gestalten Sie es mutig um. Geben Sie ihm eine neue Richtung, anstatt dem alten Trott und der damit verbundenen Unzufriedenheit verhaftet zu bleiben. Sie müssen ab sofort für solche tiefgreifenden Veränderungen nicht mehr auf alte Erfahrungsmuster zurückgreifen, die Ihnen jetzt nicht mehr helfen, sondern können mit der Silva-Methode Ihr inneres Wissen aufgreifen, ihm vertrauen und aktiv handeln.
Werden Sie flexibel für vollkommen neue Lösungen. Stehen Sie nicht einfach nur in der Mitte von Innsbruck, das rundum von Bergen eingegrenzt ist. Denken Sie über den Berg hinaus, wie man bei uns in Tirol sagt. Auf Alpha kommen Ihnen Ideen aus Ihrem Bauchgehirn, die Sie vielleicht mit dem Kopf verwerfen. Tun Sie es nicht. Das Denken dreht sich so oft im Kreis.

Ein Beispiel:
Vor einigen Jahren hatte eine Fabrik große wirtschaftliche und finanzielle Probleme. Sie schloss ihre Tore und wollte sich mit einem anderen Unternehmen zusammentun, um die Produktion weiterführen zu können. Einige Maschinen

waren noch brauchbar, andere aber restlos veraltet. Das Management hätte die alten Maschinen gerne verschrottet, aber das wäre sehr teuer gewesen. Dazu fehlte einfach das Geld. Mir kam diese Angelegenheit zu Ohren. In meinem Bauchgehirn erhielt ich sofort die Information, dass ein Verschrotten gar nicht nötig sei, denn es gäbe sicherlich Fabriken, die diese alten Maschinen noch verwenden könnten. Die Geschäftsführung argumentierte dagegen, dass diese Maschinen wirklich zu alt und für nichts mehr einzusetzen seien.

Daraufhin ging ich mit der Drei-zu-Eins-Methode auf meine Grundstufe und wünschte mir einen Hinweis, wer diese Maschinen gebrauchen könnte und fokussierte im linken Bewussteinsspiegel als Ziel einen glücklichen neuen Besitzer. Und so geschah es. Diese Nachricht erreichte Albanien. Wieso wusste niemand so genau. Aber es war die Lösung! Die Albaner konnten sogar eine kleine Summe für die Maschinen bezahlen und sie übernahmen auch den Transport. Ich weiß aus direkter Quelle, wie glücklich sie heute noch über ihre Anschaffung sind.

Und wie sieht nun die Erfolgsrechnung dieser Firma aus, die sich nur das Verschrotten der Maschinen vorstellen konnte? Die Manager sparten nicht nur das Geld für die Verschrottung, sondern bekamen noch etwas dafür und konnten damit eine moderne Maschine für die neue Produktion kaufen.

Wenn Sie sich Ihrem Innern öffnen, kommt ein Stein ins Rollen. Wo er landet, wissen Sie nicht. Das möchten Sie am liebsten mit dem Kopf schon im Voraus wissen. Damit begrenzen Sie sich aber und nutzen nicht das in Ihnen ruhende Lösungspotenzial mit ungeahnten Möglichkeiten. Arbeiten Sie Schritt für Schritt mit dem Bewusstseinsspiegel.

Streben Sie eine stetige Verbesserung an, bis Sie am Ziel Ihrer Wünsche angelangt sind. Der Bewusstseinsspiegel lässt sich für viele Probleme verwenden, um Fortschritte in Ihrem Leben zu erzielen. Sie sind auf einmal die berühmte Nasenlänge voraus, Ihr privates und berufliches Leben verbessert sich, charakterliche Schwächen, Suchtprobleme, zwischenmenschliche Schwierigkeiten und vieles mehr können erfolgreich gelöst werden.

Das Gesetz der Polarität besagt, dass zwei gegensätzliche Pole dem Wesen nach gleich sind. Sie unterscheiden sich lediglich in ihrer Auswirkung. So sind Motivation und ein ständiges Aufschieben ein scheinbarer Gegensatz, aber im Grunde identisch. Jeder entscheidet selbst darüber, welche von diesen beiden Kräften zum Tragen kommt.
Die Bewusstseinsspiegel-Technik lässt sich als hervorragender Motivationsschub für Ihre Wünsche einsetzen. Wie produzieren Sie einen intensiven Wunsch? Stellen Sie sich einen Meterstab mit einem negativen und einem positiven Ende vor. Das negative Ende ist rechts. Schreiben Sie dort das Wort „Aufschieben“ hin und darunter „= schwacher Wunsch“. Ans linke Ende, auf der positiven Seite, schreiben Sie „Motivation“ und darunter „= starker Wunsch“.
Wenn Sie nun den starken Wunsch verspüren, etwas Bestimmtes zu tun, dann sind Sie auf der linken Seite des Meterstabes. Und Sie handeln spontan und durchsetzungskräftig. Wird der Wunsch schwächer und schwächer, bis Sie kaum noch motiviert sind, gelangen Sie auf die rechte Seite des Meterstabes. Ihr Handeln erstickt in einem müden Gähnen.

Sie sitzen zum Beispiel nach einem bewegungsarmen Büroalltag abends bequem im Sessel und verspüren den Wunsch,

sich zu bewegen oder gar joggen zu gehen. Sie bleiben aber sitzen und schieben den Wunsch nach der gut tuenden Bewegung auf. Er bleibt damit auf der rechten Seite des Meterstabes – der Wunsch ist zu schwach und bleibt unerfüllt.
Es gibt nur einen Weg, sich den notwendigen Motivationsschub zu geben: Verstärken Sie den Wunsch geistig so stark, dass Sie sich selbst zum Aufstehen motivieren. Arbeiten Sie mit einer bildhaften Vorstellung. Stellen Sie sich vor, wie gut Sie sich beim Joggen fühlen, wie Sie tief durchatmen und der Sauerstoff im Gehirn Sie wach macht. Sie sind glücklich, weil die Bewegung Glückshormone freisetzt und Sie spüren, wie die gesamte Anspannung des Alltags von Ihnen abfällt. Falls Sie dann immer noch nicht genug motiviert sind, sich den berühmten Tritt in den Hintern zu geben und aufzustehen, benutzen Sie den Bewusstseinsspiegel, um den Wunsch auf die linke Seite des Meterstabes zu bekommen. Was hindert Sie daran, sich zu bewegen? Womit stehen Sie sich selbst im Wege?
Erschaffen Sie sich dafür wieder einen Bewusstseinsspiegel mit einem weniger schönen Rahmen, lassen Sie hochsteigen, was die Ursache für Ihre blockierende Bequemlichkeit ist, löschen Sie diesen Spiegel und kreieren Sie links davon den neuen Spiegel mit dem schönen Rahmen. Stellen Sie sich vor, wie Sie dynamisch durch den Wald joggen. Sehen Sie immer wieder dieses Bild und zwar solange, bis Sie motiviert sind, aufzustehen und Ihre Joggingschuhe aus dem Schrank holen.

Immer wenn Sie sich für etwas stärker motivieren wollen, gehen Sie in derselben Weise vor. Denken Sie über das Thema oder die Sache gründlich nach. Beleuchten Sie alle Aspekte, die Ihnen einfallen. Warum haben Sie etwas aufge-

schoben und wollen sich jetzt dafür motivieren? Wie sieht das Ergebnis aus, wenn Sie diese Sache erfolgreich durchgeführt haben? Was bedeutet es für Sie, wenn Sie Ihr Ziel erreicht haben? Und spüren Sie gleichzeitig in Ihrem Innern, wie Sie sich bei all Ihren Handlungen fühlen!
Treffen Sie nun drei Entscheidungen:

- Notieren Sie als Erstes das Datum auf Ihrem Bewusstseinsspiegel, wann Sie handeln wollen.
- Als Zweites visualisieren Sie den Ort der Handlung.
- Und drittens die Art und Weise, wie Sie es tun wollen.

Nachdem das Wann, Wo und Wie klar sind, verstärken Sie diesen Wunsch in Ihrem linken Spiegel. Erinnern Sie sich immer wieder an dieses Bild mit der Lösung. Beim Zähneputzen, beim Autofahren, egal, wann immer es Ihnen in den Sinn kommt. Jeder Gedanke baut Energie auf. Wenn Sie sich täglich mit Ihrem Wunsch befassen, wird er stärker und stärker. Sie bauen so eine kraftvolle Motivation auf, das zu tun, was Sie so lange aufgeschoben haben. Auf diese Weise können Sie sich für alles motivieren.

Immer dann, wenn eine positive Vision in Ihrem Leben nicht zur Wirkung kommt, nehmen Sie den Bewusstseinsspiegel zu Hilfe, um die Motivations-Blockaden aufzudecken, die Sie daran hindern, Ihre Ziele zu erreichen. Setzen Sie diese Technik auch dann ein, wenn Sie von Zweifeln geplagt sind. Erst wenn Sie vollständige Klarheit gewonnen haben, können Sie den Fokus auf das von Ihnen erschaffene Ziel ausrichten und halten.
Bleiben Sie nicht auf Ihrem inneren Müll sitzen, machen Sie sich nie zum Opfer und damit zu einem glücklosen Menschen. Erkennen Sie die eigenen Hindernisse und merzen Sie diese aus.

Die goldene Regel der Silva-Methode lautet:
„Der innige Wunsch gibt die Kraft, diese beflügelt die Erwartungshaltung, sie führt zur Überzeugung und das wiederum bestärkt den Glauben an unsere Fähigkeiten.“
Und das führt Sie sicher zum Erfolg.

Der Gedächtnisschlüssel trainiert das bildhafte Denken

Die Technik des Gedächtnisschlüssels wurde ursprünglich von Lotte und Bruno Furst entwickelt, um sich Dinge besser merken zu können. José Silva hat diesen Gedächtnisschlüssel jedoch aus einem anderen Grund in sein Seminarprogramm aufgenommen. Er hatte herausgefunden, dass sich mit dem Gedächtnisschlüssel das Visualisieren hervorragend trainieren lässt. Wer gut visualisieren kann, regt seine beiden Gehirnhälften zu mehr Aktivität an und stärkt damit gleichzeitig seine Merkfähigkeit. Das ist sehr wichtig, weil man bei der Silva-Methode nicht Tagträumen, sondern bewusst visualisieren soll, um Ziele zu erreichen.
Was ist der Unterschied? Im Gegensatz zum Tagträumen, dem Abschweifen der Gedanken in eine eigene Phantasiewelt, ist das Visualisieren ein bewusst gesteuerter, schöpferischer Vorgang. Um zu visualisieren, müssen Sie die seit Ihrer Geburt verfügbaren Bauch- und Kopfgehirnfähigkeiten wieder zu neuem Leben erwecken. Bis zum Kleinkindalter haben wir keine Schwierigkeiten mit dem inneren Sehen, Hören, Riechen, Fühlen und Schmecken. Diese Fähigkeit ist dem Menschen angeboren. Ich nenne sie das subjektive Bewusstsein. Visualisieren bedeutet nichts anderes, als diese

inneren Sinne wieder zu aktivieren und anzuwenden. Die sensitive Wahrnehmung oder subjektive Kommunikation geht keinem Menschen verloren. In bestimmten Lebenssituationen wendet er sie auch immer wieder an, ohne aber sich dessen bewusst zu sein.
Wenn Sie ein Silva-Seminar besuchen, wissen Sie in kürzester Zeit, welcher Ihrer inneren Sinne zum jetzigen Zeitpunkt am stärksten ausgeprägt ist: Sind Sie ein Sehtyp, der innere Bilder sieht, oder schmecken oder riechen Sie innerlich oder sind Sie eher ein Hörtyp?
Das Visualisieren gelingt den Seminarteilnehmern mit jeder Übung – und das sind in den drei Tagen sehr viele – immer besser. Am Ende des Seminars erleben Sie, dass kontrolliertes Kreieren der Wirklichkeit gleichkommt. Wenn Sie dann täglich trainieren, brauchen Sie sich nicht mehr zu wünschen, das Gehirn eines intelligenteren Menschen zu haben, den Sie bewundern. Es ist doch gut zu wissen, dass Sie es selbst haben und jederzeit aktivieren können.

José Silva predigte Zeit seines Lebens, dass das Gehirn nicht altert. Lassen Sie es also nicht durch Trägheit brach liegen. Diese Tatsache gilt jetzt auch in der Gehirnforschung als bewiesen. Genauso weiß man heute, dass sich Gehirnzellen ebenso wie andere Körperzellen immer wieder neu bilden.
Unser Gedächtnisspeicher im Kopfgehirn besteht aus den Nervenzellen und den dazu gehörenden Verbindungen. Es gibt 15 bis 100 Milliarden Gehirnzellen, wovon jede einzelne mit bis zu 10.000 anderen verbunden ist. Vergleichen Sie unser Gehirn mit einem gigantischen Straßennetz von mehreren 100.000 Kilometern Länge. Obwohl täglich zwischen 1.000 und 10.000 Gehirnzellen absterben, hat dies auf die Gehirnkapazität keinerlei Einfluss. Denn selbst, wenn

ein Mensch täglich 10.000 Gehirnzellen verlieren würde, hätte er zehn Prozent all seiner Zellen erst in 410 Jahren eingebüßt.
Dies beweist, dass allein die Anzahl der Gehirnzellen nicht die Ursache für die heute übliche abnehmende Gedächtnisleistung im Alter sein kann. Ein geistiger Abbau ist in der Regel eine Frage mangelnden Trainings. Aktivieren Sie deshalb ein Leben lang täglich Ihr Straßennetz im Gehirn, damit es nicht vom Gras der Zeit überwuchert wird.
Eine weitere sensationelle Erkenntnis stammt vom Forscherteam um Fred H. Gage vom Salk Institute for Biological Studies in den USA: Die Zellen im menschlichen Gehirn können sich teilen. Bislang ging man davon aus, dass sich die Gehirnzellen bereits in den ersten Lebensjahren nicht mehr durch Teilung vermehren lassen. Nach Gage erhält sich das Gehirn während des gesamten Lebens die Fähigkeit der Erneuerung durch Zellteilung.

Zweifeln Sie also nicht an Ihrer Intelligenz, wenn Ihnen einmal ein Name nicht einfällt. Sie sind möglicherweise gerade nervös, also auf einer höheren Beta-Frequenz. Ängstigen Sie sich deswegen nicht gleich und schieben Sie die Erinnerungslücke nicht auf eine angeblich reduzierte Gehirnkapazität. Entspannen Sie sich. Sobald Sie sich beruhigen, kommt Ihnen der Name wieder in den Sinn.
Ein Rat an ältere Menschen: Junge Menschen sind oft sehr vergesslich. Aber sie kommen deswegen niemals auf die Idee, dass ihr Gedächtnis nicht mehr richtig funktionieren könnte. Wenn ein älterer Mensch sein Alter mit Vergesslichkeit in Zusammenhang bringt, ist dies ein Befehl an das Gehirn mit fatalen Folgen. Also, höchste Vorsicht! Lehnen Sie solche Einstellungen ab, denn sie sind schlichtweg Unsinn.

Das ist dasselbe wie mit dem äußeren Erscheinungsbild. Wenn Sie sich täglich aufgrund Ihrer Jahre einreden, dass Sie nun alt und hässlich werden, wird es funktionieren. Ein fröhlicher Mensch strahlt, ein unzufriedener Mensch verliert an Ausdruckskraft. Überprüfen Sie Ihre Einstellung zu diesem Thema und trainieren Sie Ihr Gehirn täglich mit aufbauenden Visualisierungsübungen.

Erinnern Sie sich daran, dass alles, was in der einen Richtung möglich ist, sich auch in die andere Richtung umkehren lässt. Wenn Sie zum Beispiel ein schlechtes Namensgedächtnis haben und das als Defizit empfinden, programmieren Sie es einfach um. Visualisieren Sie, dass Sie sich ab sofort neue Namen merken können, und verknüpfen Sie mit dem einzelnen Namen das Bild der Person, die Situation, in der sie sich kennen gelernt haben oder den Ort oder einen bestimmten Geruch oder irgend etwas anderes. Es geht hier um assoziatives Denken, also um Gedankenverbindungen und deren Zusammenschluss.

In den Seminaren speichern die Teilnehmer den Gedächtnisschlüssel als Ganzes in ihrem Geiste ab. Damit sind sie in der Lage, sich beliebig viele Begriffe zu merken. Zu jeder Zahl wird eine Gedächtnisstütze visualisiert und abgespeichert. Und zwar als Zahl, Buchstaben, Wort und dem entsprechenden Bild. Damit werden alle inneren Sinne aktiviert. Will man sich nun Begriffe merken oder beispielsweise einen Einkaufszettel auf seinen geistigen Bildschirm projizieren, dann werden die Begriffe oder die zu tätigenden Einkäufe nacheinander mit den jeweiligen Gedächtnisstützen visuell verknüpft. Um das gespeicherte Wissen zu finden, kann man dann an mehreren Fäden ziehen. Je mehr Verknüpfungen Sie für eine Sache haben, umso sicherer gelangen Sie ans Ziel. Lotte und Bruno Furst haben den Schlüssel aus diesem Grunde so konzipiert.

Die Technik des Gedächtnisschlüssels ist einfach zu erlernen: Erschaffen Sie sich auf Ihrem geistigen Bildschirm eine Schablone mit einem Raster von zehn Kästen. Schreiben Sie in den ersten Kasten oben „1 = T“. Die Zahl 1 entspricht dem Buchstaben T, das Stützwort dafür ist „Tee“. Empfinden Sie, was Tee für Sie bedeutet und kreieren Sie in dem ersten Kasten ein dafür entsprechendes Bild. Es kann ein Glas Tee sein oder der Duft eines Teeladens, der Ihnen noch vom letzten Einkauf in Erinnerung geblieben ist, oder Teeblätter, eine Teekanne oder Ähnliches. Speichern Sie dann den gesamten Kasten mit der Zahl 1, dem Buchstaben T und dem erschaffenen Bild als Gedächtnisstütze ab.

Schreiben Sie in den zweiten Kasten „2 = N“. Das Stützwort ist „Noah“. Setzen Sie in diesem Kasten bildhaft um, was Ihnen zu diesem Thema in den Sinn kommt. Es kann ein alter Mann sein oder die Arche Noah. Nummer drei entspricht dem Buchstaben M, das Stützwort ist „Mai“. Speichern Sie auch dieses Bild und alle anderen auf die beschriebene Weise ab. Die ersten neun Kästen im Überblick:

1	entspricht dem Buchstaben	T – das Stützwort ist	Tee
2		N	Noah
3		M	Mai
4		R	Reh
5		L	Löwe
6		SCH	Schuh
7		K	Kuh
8		F	Fee
9		B	Bau

10 setzt sich zusammen aus 1 und 0: 1 = T und 0 = S.
Das Stützwort ist „Tasse“.

Benutzen Sie die Technik mit dem Gedächtnisschlüssel zum täglichen Visualisieren. Sie erleichtern sich dadurch den Zugang zum Bauchgehirn, zu ihrer ureigenen inneren Informationsquelle.

Spaziergang auf Alpha

Durch den inneren Dialog mit sich selbst erhalten Sie wichtige Einblicke in die Zusammenhänge Ihres Lebens. Aus diesem Grunde gibt es heute den Begriff der narrativen Psychologie. Das heißt nichts anderes, als dass Sie ein aufklärendes inneres Gespräch mit sich selbst führen. Sie erkennen dadurch Ihre Probleme und können sie nun lösen. Sie lassen sich dann von ihnen nicht mehr nach unten ziehen und bleiben frei von negativem Stress. Diesen Stress bezeichnet man als Disstress, im Gegensatz zum anregenden, stimulierenden Eustress.

Sie kennen inzwischen die Drei-zu-Eins-Methode. Um Ihren inneren Dialog in Gang zu bringen, lade ich Sie zu nachfolgender Übung ein:

- Schließen Sie die Augen und entspannen Sie sich mit der Drei-zu-Eins-Methode. Sagen Sie sich, dass Sie in Ihr inneres Bewusstsein tiefer und tiefer hineinkommen, um mehr über sich selbst zu erfahren.
- Spazieren Sie im Geiste auf einer wunderschönen bunten Blumenwiese, fühlen Sie sich frei, genießen Sie die Landschaft und spüren Sie alles, was Ihnen dabei in den Sinn kommt. Fühlen Sie die Luft, atmen Sie bewusst ein und aus und nehmen Sie dabei den Duft der Blumen wahr. Ein

Bächlein begleitet Sie des Weges, empfinden Sie die Kraft des Wassers, hören Sie das Zwitschern der Vögel, beobachten Sie die Tiere, sehen und hören Sie lachende Kinder, spüren Sie, wie das Kinderlachen Sie fröhlich stimmt. Denken Sie an Ihre Hobbys, führen Sie diese im Geiste aus und empfinden Sie Freude dabei. Denken Sie an Menschen, die Sie lieben, fühlen Sie Ihre Familie und Freunde in Ihrer Nähe, erinnern Sie sich an einen Freudentag, an ein Fest mit Ihren Lieben und genießen Sie das alles mit Ihren inneren Sinnen. Fühlen Sie sich wohl und bleiben Sie solange in diesen Szenen, wie Sie wollen. Sie fühlen sich total entspannt. Dann gehen Sie über zur weiterführenden Übung.

- Zählen Sie sich aus der Entspannung heraus und öffnen Sie die Augen. Bleiben Sie gedanklich in diesem entspannten Zustand in Ihrer Mitte, betrachten Sie in aller Ruhe Ihre reale Umgebung und sagen Sie sich: „Das, was ich hier sehe und wahrnehme, ist meine eigene Realität." Beziehen Sie dabei all Ihre Gefühle, angenehme wie unangenehme mit ein, die Sie mit dem Betrachten des einen oder anderen Gegenstandes in Verbindung bringen.
- Konzentrieren Sie sich nun auf Ihre Mitte und spüren Sie in sich, was noch von dem soeben gemachten geistigen und wunderbar entspannenden Spaziergang an angenehmem Gefühl übrig geblieben ist. Senden Sie dieses zu Ihrem Kopfgehirn, und fragen Sie sich, was Sie an Ihrer Realität ändern müssen, um dieses Wohlgefühl des soeben gemachten Alpha-Spazierganges wieder komplett zu aktivieren.
- Lassen Sie nun einfach alle spontanen Gedanken in sich hochkommen. Nehmen Sie, wenn nötig, Papier und Bleistift zur Hand, notieren Sie sich diese ersten Eindrücke und setzen Sie diese baldmöglichst in die Realität um. Ihr Bauchgehirn als Ihr emotionaler Quotient (EQ) sendet

Ihnen die inneren Informationen, die Sie im Kopfgehirn mit Ihrem Intelligenzquotienten (IQ) verbinden müssen.

Eine noch tiefer gehende Übung heißt „Der Gänseblümchenteich". Es gibt dazu eine wunderbare CD. Sie hilft Ihnen, Ihr Visualisierungsvermögen rasch zu verbessern. Es war die Lieblingsübung von José Silva, die ich kurz vor seinem Tod in deutscher Sprache als CD produzieren ließ.

Niemand steht Ihnen im Wege – nur Sie selbst

Die Übungen der Silva-Methode ermöglichen es, Blockaden aufzulösen, Ballast zu erkennen und beiseite zu räumen, damit man sich selbst nicht mehr im Wege steht. Denn: Niemand steht Ihnen im Wege außer Sie selbst.

Dazu gibt es eine anschauliche Anekdote von Michelangelo, der immer seiner inneren Stimme vertraute. Er saß in seiner Werkstatt und bearbeitete einen Marmorklotz. Da kam ein Nachbarjunge vorbei und fragte ihn, was er aus diesem Marmorklotz machen wolle. „Ich mache einen Engel", antwortete Michelangelo. Der Junge wollte wissen, ob es denn nicht sehr schwierig sei, aus einem Stein einen Engel zu meißeln. „Überhaupt nicht", erwiderte Michelangelo, „ich muss nur alles Überflüssige entfernen."

Er brachte damit zum Ausdruck, was in ihm beim Anblick eines Marmorklotzes vorging. Wenn ein Stein seinen Blick auf sich zog, fühlte er sich in ihn hinein und fragte sein Bauchgehirn, welche Gestalt dieser Stein annehmen könnte. Er wusste dann, was er an überflüssigem Marmor wegmeißeln musste, um zum Beispiel die Gestalt eines Engels zu erschaffen.

Das Leben entwickelt sich immer weiter. Der Mensch muss sich in demselben Ausmaß mit- und weiterentwickeln, wenn er den Anschluss nicht verlieren will. Stellen Sie sich also immer den neuen Herausforderungen. Jeder Mensch hat seinen eigenen Lebensweg, den er innerhalb der Kultur und der Gesetze des Landes, in dem er lebt, realisiert. Sich dagegen aufzulehnen, bringt ihn in massive innere Schwierigkeiten, denn es belastet seine Gefühlslage so stark, das er unentwegt Disstress produziert.

Bleiben Sie also flexibel. Welchen Sinn macht es beispielsweise, einen anderen Kulturkreis zu besuchen und sich diesem nicht anzupassen? Dann sollten Sie lieber daheim bleiben. Oder Sie bekommen gar einen Job im Ausland. Dann ist es doch besser, sich dort schnell einzuleben und sich mit der Einstellung der Menschen vertraut zu machen, anstatt sich dagegen aufzulehnen. Wenn Sie in einem anderen Land leben, dann tun Sie es niemals mit Widerwillen, sondern mit einer bewussten Akzeptanz der für Sie fremden Kultur.
Verwenden Sie dafür die Techniken der Silva-Methode. Sie können nicht mit Ihrem Körper in einem anderen Land sein und mit Ihrem Herzen ganz woanders. Dann sind Sie ein zerrissener Mensch.
Es gibt keinen schlimmeren Stress, als ein zerrissener Mensch zu sein. Körper und Geist sind dann keine Einheit mehr – ein solcher Mensch wird krank. Bei einem gespaltenen Menschen werden die Neurotransmitter in die Irre geleitet. Der Darm sendet diese wichtigen Botenstoffe zwar weiterhin aus, sie finden aber nicht mehr die richtige Synapse (Kontaktstelle) im Gehirn. Wo und wie sich eine solche Fehlsteuerung im Körper manifestiert, kann niemand voraussagen, aber es wird ganz sicher geschehen.

Wie viele Situationen gibt es in unserem Leben, in denen Sie sich blitzschnell neuen Gegebenheiten anpassen müssen? Ich erlebte das einmal selbst mit meinem Mann. Von einem auf den anderen Moment erhielt ich die Nachricht, er sei beim Paragleiten abgestürzt. Ich fuhr sofort zur Unfallstelle. Ein Einheimischer war bei ihm und hatte ihm bereits den Fallschirm gepackt. Als ich meinen Mann sah, empfing ich spontan aus meinem Bauch die Information „sofort ins Krankenhaus". Mein Mann jedoch wehrte ab und auch der Helfer meinte, dass es so schlimm nicht sei. Ich aber handelte nach meinem Gefühl und bestellte den Rettungswagen. Auf den Röntgenaufnahmen im Krankenhaus erkannten die Ärzte einen Trümmerbruch des ersten Lendenwirbels.
Obwohl ich als Trainerin der Silva-Methode keine Schwierigkeiten damit habe, den ersten Impuls zu erfassen und danach sofort zu handeln, bleibe ich dennoch immer dankbar dafür, dass ich auch hier meiner inneren Stimme gefolgt bin.

Damit schnelle Entscheidungen nicht zu Fehlentscheidungen führen, machen Sie Folgendes: Entspannen Sie sich mit der Drei-zu-Eins-Methode und öffnen Sie sich für eine intuitive Information. Sie wissen, dass es auf Alpha keine räumliche und zeitliche Einschränkung gibt und daher auch keinen Zeitdruck. Der Blick in die Zukunft wird sich öffnen.
Blockieren Sie Ihren Geist niemals mit der Frage nach dem „Warum". Er beschäftigt sich dann mit dem Warum und nicht mit der Lösung. Schauen Sie sich den Ist-Zustand an und wünschen Sie sich eine Idee, diesen zu verbessern. Sobald Sie den ersten Impuls erhalten, handeln Sie entsprechend. Sollte das Problem immer noch nicht komplett bereinigt sein, fahren Sie mit dieser Methode solange fort, bis alles geklärt ist.

Den Ist-Zustand genauestens anzuschauen, ist in allen Lebensbereichen notwendig. Anerkennen Sie ihn und wenn Sie ihn so nicht mehr haben wollen, verändern Sie ihn auf Alpha in einzelnen Schritten. Stellen Sie sich eine Schale vor und legen Sie das hinein, was Sie nicht mehr haben wollen. Leeren Sie dann diese Schale aus und geben Sie die neue Erkenntnis als Wunsch hinein. Nach und nach erzielen Sie dann immer bessere Ergebnisse. Das ist der Weg, um gestärkt aus Krisen herauszukommen. Egal, ob es sich dabei um familiäre, zwischenmenschliche, berufliche oder gesundheitliche Probleme dreht.

Mit den einfachen Übungen dieses Kapitels können Sie sofort beginnen, Ihr inneres Wesen in Ordnung zu bringen. Und zwar so, dass Sie frei werden von allen unangenehmen Gefühlen, die Sie bis jetzt daran gehindert haben, Ihr Leben nach Ihren Wünschen zu verbessern. Sie öffnen sich dadurch dem Informationsfluss Ihres Bauchgehirns. Und das hat immer Recht.

So werden Sie Ihr eigener Meister

Erfolgreiche Menschen, die ihre geistigen Fähigkeiten nutzen, leben ihr Leben bewusst und haben es selbst in der Hand. Sie sind aktiv, lassen sich nicht fremd bestimmen, begrenzen sich nicht durch eingefahrene Lebensmuster, sind weder Opfer noch geben sie sich bloßem Wunschdenken hin. Sie räumen ihren „inneren Müll" auf, schöpfen immer aus ihrem Innern und motivieren sich täglich neu.

Bewegung ist ein probates Mittel, um Stress abzubauen und gleichzeitig mit seinem Bauchgehirn zu kommunizieren. Ich selbst schließe meinen Tag regelmäßig auf diese Weise ab.

Daheim angekommen, ziehe ich sofort meine Laufkleidung an und bin schon draußen an der Luft. Ich bewege mich langsam und sinnierend im Laufschritt auf einem wunderschönen Weg an einem Fluss entlang. Es ist ein herrliches langsames Trippeln ohne Anstrengung. Ich spüre, wie mein Stoffwechsel sich beschleunigt. Dies fördert die Verdauung von allem, was ich noch so unverarbeitet mit mir herumtrage. Meine Atmung ist rhythmisch und ich atme die gesamte Strecke ausschließlich durch die Nase. Wenn Sie laufen, achten Sie darauf, dass Sie nie durch den Mund atmen, damit es nicht zu irgendwelchem körperlichen Unbehagen kommt.

Durch das Laufen an der frischen Luft öffnet sich mein Geist und alles kommt noch einmal innerlich zur Sprache. Indem ich meinem inneren Bewusstsein – dem Bauchgehirn – lausche, öffne ich mir den Zugang zum Kopfgehirn. Es entsteht ein Zwiegespräch von Bauch zu Kopf und alles wird noch einmal neu zugeordnet, vieles verbessert, mit anderen Ideen belegt – Geistesblitze tauchen plötzlich auf. Diese Aha-Effekte merke ich mir und bereite sie für eine spätere Stunde oder den nächsten Tag zur Erledigung vor. Das Laufen ist für mich eine wunderbare Möglichkeit, Dinge in mir zu klären und mich der Inspiration von neuem zu öffnen.

Flexibel und entspannt in jedem Augenblick

Jeder Mensch hat für sein Leben bestimmte Vorstellungen, die seinen Lebensrhythmus bestimmen. Dieses Lebensmuster kann im Laufe der Zeit zu einem ermüdenden, täglichen Trott werden, den man schließlich nicht mehr wahrnimmt. Wer kreativ und erfolgreich sein will, muss diesen Teufelskreislauf durchbrechen.
Geschieht im Leben solcher Menschen etwas Unvorhergesehenes, das diese Routine durchbricht, sind sie nicht fähig, souverän zu reagieren. Sie stecken im Chaos, lähmende Angst macht sich breit, ihr Energiepegel sinkt rapide ab. Die eingefahrene Vorstellungswelt ist zusammengebrochen. Sie geben dann diesem Ereignis die Schuld dafür und fühlen sich als Opfer.
Um den täglichen Weitblick zu bewahren und nicht in einem festgefahrenen gleichbleibenden Alltag zu versinken, muss man sich ständig neu motivieren. Flexibilität statt Starre

ist der Weg, das Alltagsgeschehen immer wieder neu zu meistern. Deshalb bedarf es der inneren Ruhe, der inneren Zentriertheit. Das erreichen Sie mühelos mit der Drei-zu-Eins-Methode.

Rastlosigkeit ist in der heutigen Zeit ein besonderes Thema. Die Menschen unserer westlichen Gesellschaft kommen nicht mehr zur Ruhe. Nach Berechnungen von Soziologen empfangen sie heute täglich 65.000 Eindrücke mehr als ihre Vorfahren vor 100 Jahren. Sie regenerieren sich nicht mehr, arbeiten bis ihr Leistungslimit überschritten ist und flüchten dann in eine ebenfalls rastlose Freizeit. Dann muss endlich Urlaub gemacht werden, um sich in wenigen Wochen zu entspannen und den beruflichen Stress abzuschütteln. Aber verreisen, nur um abzuschalten, ist eine Flucht. Nach der Rückkehr erwartet diese Menschen derselbe Frust, liegengebliebene Arbeit muss nachgeholt werden – der Stress wird oft noch größer. Nichts hat sich geändert.
So ist es auch heute mit der Flucht in die Freizeit. Mit Freizeit verbinden viele Menschen die Sehnsucht nach der Freiheit, selbst zu entscheiden, was sie tun wollen oder nicht.
Gegen Freizeitaktivitäten ist nichts einzuwenden, auch nicht gegen Sport jeglicher Art. Aber mehr denn je setzen sich die Menschen auch hier unter Leistungsdruck, ganz besonders im Sport. Und dabei kommt die geistige Entspannung zu kurz.
Wenn der Mensch nicht zu sich selbst findet, und sich somit nicht klar darüber ist, was ihn bewegt und was nach einer Lösung drängt, hilft ihm weder Sport noch eine andere Ablenkung. Bei Sport und Freizeit kommt es dann genauso zum Leistungsdruck wie im Berufsleben. Das ist dann keine Freiheit mehr, sondern eine weitere einengende Verpflichtung, der man sich unterwirft. In Fitnesscentern fällt dies

besonders auf. Viele Männer und Frauen quälen ihren Körper an Maschinen, um dem von außen diktierten Schönheits- und Körperideal zu entsprechen.
Tiefgreifende, wirkliche Veränderung und Verbesserung des eigenen Lebens hat aber in erster Linie etwas mit geistiger Arbeit zu tun. Doch es ist für die meisten Menschen scheinbar bequemer, das Grundproblem zu verdrängen und in Ausreden zu flüchten, statt im eigenen Innern einmal gründlich aufzuräumen und sich den Ballast, der da rumgeschleppt wird, anzuschauen und aufzulösen. Genau das aber sollte das Ziel sein, um ihr Leben zu verbessern.

Ich muss Sie enttäuschen, wenn Sie zu den Menschen gehören, die das Fernsehen verpönen. Denn es gibt Menschen, die sich vor dem Fernseher wunderbar entspannen können. Also, warum nicht den eigenen Lebensfilm anschauen und ändern, während im Fernsehen ein anderer Film läuft? Ebenso können sich viele Menschen bei Musik sehr gut entspannen.
Spüren Sie selbst, wie Sie am besten zur Ruhe kommen und nutzen Sie dieses Gefühl für Ihren geistigen Hausputz, um Ihr Leben besser und besser zu meistern. Bei all diesen verschiedenen Entspannungsmöglichkeiten geht es immer darum, den Alpha-Zustand zu erreichen.

Niemand wird sich selbst los

Viele Menschen empfinden ihre berufliche Tätigkeit als Last und assoziieren damit unangenehme Gefühle. Sie wünschen sich dann oft einfach nur Ruhe. Aber das ist trügerisch, weil sie nicht das anschauen, was hinter diesen belastenden Gefühlen steckt. Solche Menschen suchen einfach nach dem Geheimrezept eines angenehmen Lebens. Niemand kann ihnen das bieten. Ich auch nicht. Sein Leben zu verbessern, bedeutet Arbeit an sich selbst, und der wichtigste Faktor dabei ist die Kommunikation mit dem Bauchgehirn.

Immer wieder begegne ich sogenannten Aussteigern, die sich der stressigen Arbeitswelt entzogen haben, um sich endlich in der Natur den Traum von einem einfachen, sorgenfreien Leben zu erfüllen. Sie träumen von einem wunderbaren Dasein, dem sogenannten Himmel auf Erden. Das sind Vorstellungen, die der Realität nicht entsprechen. Aussteiger bekommen andere Probleme. Sie mögen mehr Zeit haben, aber weniger Geld und spüren dann, dass sie so auch nicht weiter kommen.

Viele sehnen sich nach einer Weile sogar nach ihrer stressigen Tätigkeit zurück. Denn die eigentliche Arbeit – das innere Aufräumen – packen sie gar nicht an. Sie behalten ihren inneren Müll, anstatt ihre geistigen Hausaufgaben zu erledigen. Alle Probleme, ob beruflicher, familiärer oder beziehungsmäßiger Art, die sie möglicherweise auch noch mit vielen Freizeitaktivitäten zugedeckt haben, nehmen sie mit in die Ruhe der Natur. Und diese ungelösten Probleme stören dann lautstark die Stille ihres Fluchtortes. Niemand wird sich selbst los – egal, wohin er geht.

Steigen Sie also nicht einfach aus Ihrem Beruf aus, um sich Ihren Traum von einem glücklichen Leben zu erfüllen, sondern entspannen Sie sich dort, wo und wie Sie im Augenblick leben. Das ist Ihr Ist-Zustand. Wer davor flüchtet, verschließt die Augen vor der Realität. Gönnen Sie sich stattdessen wenige Minuten mehrmaliger täglicher Entspannung, um aus dieser Gelassenheit heraus Ihr Leben aus dem Ist-Zustand in ein glückliches und zufriedenes Dasein umzuwandeln. Vielleicht ist dann die Zeit für eine neue Aufgabe reif, um sie mit frischem Elan umzusetzen.

Nehmen Sie das Tempo aus Ihrem Tun

Muße ist in der heutigen Erlebnisgesellschaft ein Fremdwort. Es geht nur noch um Events, Lifestyle und den sogenannten „Kick". Nach dem Feierabend muss doch noch etwas anderes passieren als bloße Entspannung. Und so regt jeder jeden an, noch mehr in allen möglichen Aktivitäten und Zerstreuungen herumzuspringen. Und wer sich das alleine nicht traut, besucht viel versprechende Motivationskurse, die wie Pilze aus dem Boden sprießen.

Wer sucht noch das Nichtstun? Und was heißt nichts tun? Nehmen Sie einfach das Tempo aus Ihrem Tun, die Hektik und den Zwang, immer etwas unternehmen zu müssen. Sie werden dann trotzdem etwas machen. Vielleicht blicken Sie zum Fenster hinaus und beobachten Menschen, oder Sie schmökern in einem Buch, oder Sie sinnieren, während Sie mit einem Kugelschreiber spielen. Auch auf diese Weise kommen Sie in den Alpha-Zustand.

Vielleicht kennen Sie es von sich selbst, dass Sie noch schnell in die Stadt müssen, um dies oder jenes zu erledigen. Sie sind dabei innerlich getrieben und reiben sich somit auf. Hetzen Sie sich nicht im Geiste. Sie können trotzdem alles schnell erledigen – aber mit innerer Ruhe. Fühlen Sie bewusst den Unterschied. Sie sind es immer selbst, der entscheidet, auf welcher Frequenz Ihr Leben abläuft.

Achten Sie auf Ihr inneres Wohlbefinden, das Sie durch ständige Selbstbeobachtung schärfen können. Sie wissen dann immer, was für Sie in jedem Moment das Wichtige ist und leben danach.

Jeder Mensch, ob Kind oder Erwachsener, braucht einmal das Gefühl der Langeweile, des Trödelns, um daraus neue kreative Kraft zu schöpfen.
Schon Sokrates sagte, Muße sei der „schönste Besitz von allem" und Cicero war sich sicher: „Nichtstun erquickt."

„Der Mensch ist in keine Schachtel zu verpacken"
(José Silva)

Dies ist für mich einer der wichtigsten Sätze von José Silva. Er erinnert uns daran, dass die Menschen individuell verschieden und damit einzigartig sind. Trotzdem müssen Sie privat und beruflich miteinander auskommen.
Menschen zwingen sich oft in Beziehungen hinein, weil sie nicht alleine sein können. Und dann klappt die Zweisamkeit nicht, weil sie nicht in der Lage sind, sich auf den anderen einzustellen. Rücksichtnahme empfinden Sie als eine zusätzliche Last. Haben Sie schon einmal wahrgenommen, dass es immer wieder Zeitgenossen gibt, die ihre Rücksichtslosigkeit gar nicht bemerken und überrascht sind, wenn man sie darauf aufmerksam macht? Es handelt sich dabei meistens um Menschen, die sich innerlich nicht genug wertschätzen. Sie gehen also mit sich selbst genauso schlecht um wie mit anderen. Nur wer sich selbst liebt, kann Liebe für den anderen empfinden und bekommt sie wieder zurück.

Wenn Sie also im zwischenmenschlichen Bereich Schwierigkeiten haben, richten Sie Ihren Blick nach innen. Schauen Sie, wer Sie wirklich sind und akzeptieren Sie sich so. Sagen Sie sich immer wieder einmal, vor allem morgens direkt nach dem Aufwachen: „Ich bin in Ordnung wie ich bin, und was mir nicht gefällt, werde ich sofort verbessern."

Natürlich sind Differenzen zwischen Menschen niemals auszuschließen. Schwierig und belastend wird es erst dann, wenn es dadurch zu Konflikten kommt, die ungelöst bleiben. Sie verursachen erheblichen Disstress, der sich im Körper manifestiert und langfristig die Gesundheit beeinträchtigt.

Immer wieder erzählen mir Menschen, in welch angespannter familiärer Situation sie feststecken. Wenn die Söhne oder Töchter heiraten, sind die Schwiegereltern oder auch die Schwiegertöchter und -söhne oft mit Lebensanschauungen konfrontiert, die ihnen bislang fremd waren. Die jungen Leute denken vielleicht, dass das keine Rolle spielt, weil sie ja schließlich den Sohn oder die Tochter und nicht den gesamten Clan heiraten. Die Schwiegereltern andererseits lehnen das neue Familienmitglied schlichtweg ab. Dadurch entstehen Spannungen auf beiden Seiten, die mit der Zeit ein unerträgliches Ausmaß annehmen und zu Entzweiungen führen können.

Finden Sie einen Weg der Verständigung miteinander, indem Sie sich in Ihrer gegenseitigen Andersartigkeit tolerieren.

Wie soll es je zu einer Völkerverständigung und zum Weltfrieden kommen, wenn es schon in der kleinsten Gemeinschaft mehr Konflikte als Lösungen gibt?

Wenn Sie sich akzeptieren wie Sie sind, verströmen Sie Souveränität nach außen. Dies zu erkennen ist für jeden Menschen wichtig, denn es zeigt, dass man seine Gefühle im Griff hat.

Natürlich spüren Sie Ihre Gefühle immer, denn sie steigen unwillkürlich in Ihnen hoch – ob es nun Ungeduld ist, weil etwas zu lange dauert oder ob es Sie erzürnt, wenn ein Berufskollege Ihnen widerspricht, oder ob Sie selbst besondere Anerkennung brauchen, wenn Ihnen etwas besonders gut gelungen ist. Oder haben Sie sich im Ton vergriffen? Letztendlich stecken hinter diesen Gefühlsregungen tiefe Unsicherheiten, die Sie sicherlich schon seit Ihrer Kindheit mit sich herumtragen. Diese Unsicherheiten tauchen dann auf allen Beziehungsebenen auf, ob privat mit dem Partner, den Kindern, den Freunden oder aber im Berufsleben.
Stehen Sie zu Ihren Stärken und zu Ihren Schwächen. Akzeptieren Sie sich so wie Sie sind, dann gelingt Ihnen das auch bei anderen Menschen.
Kein Mensch kann immer alles richtig machen. Wer das denkt und es sich selbst abverlangt, schleppt ein tiefes inneres Gefühl der Wertlosigkeit mit sich herum.
Stehen Sie deshalb ruhig zu einem gemachten Fehler, kaschieren Sie ihn nicht, sondern streben Sie stattdessen eine befriedigende Lösung an.

In einer stillen Minute kommt Ihnen vielleicht eine Schwäche in den Sinn. Bedanken Sie sich dann innerlich für diese Erkenntnis. Gehen Sie mit der Drei-zu-Eins-Methode auf Alpha und wählen Sie eine Technik aus, zum Beispiel den Bewusstseinsspiegel, um das Problem zu bearbeiten. Beenden Sie eine solche Arbeit auf Alpha niemals, ohne alles bereinigt zu haben. Jegliches unangenehme Gefühl muss gelöscht und in ein angenehmes Gefühl gewandelt werden, sonst schleppen Sie immer noch Reste in sich herum.
Dieser „geistige Hausputz" ist für Ihr seelisches und damit gesamtes Wohlbefinden enorm wichtig. Beschimpfen Sie sich

nicht für Ihre sogenannten schlechten Eigenschaften. Wir alle sind Menschen und jeder trägt solche Eigenschaften mit sich herum. Halten Sie sich das immer vor Augen und seien Sie unter diesem Aspekt uneingeschränkt ehrlich, aber auch gnädig zu sich und anderen. Nur so befreien Sie sich von behinderndem emotionalen Ballast. Ich lege Ihnen das wirklich sehr ans Herz.

Befreien Sie sich aus der Opferrolle – lösen Sie alte Muster auf

Um aus der Erinnerung eine Erfahrung für den jetzigen Augenblick zu schöpfen, müssen Sie die dazu gehörenden Gefühle zulassen und mit einbeziehen. Bei einer bestimmten Erinnerung steigt möglicherweise ein Gefühl der Traurigkeit hoch. Vielleicht kommen Ihnen auch Tränen.

Haben Sie sich schon einmal Gedanken darüber gemacht, warum wir weinen? Gerät ein Staubkorn ins Auge, fließen sofort reflektorische Tränen, um den Fremdkörper auszuspülen. Bei einem Weinanfall, fließen in zwei Minuten etwa fünfzig Tränen à fünfzehn Milligramm aus der Tränendrüse. In dieser Tränenflüssigkeit konnten Forscher das Laktationshormon Prolaktin nachweisen, das bei Frauen in konzentrierter Form während der Geburt und Stillzeit vorkommt. Deswegen sind Frauen in dieser Zeit den Tränen oft sehr nahe – sie haben „nah am Wasser gebaut“.

Weinen ist ein sehr wichtiges Ventil. Es entlastet und beruhigt bei schwerwiegenden Problemen und unerträglichen Belastungen das überreizte vegetative Nervensystem durch das Hormon Prolaktin. Unser Körper ist ein gut durchdachtes und aus sich selbst heraus funktionierendes System. Versperren Sie sich niemals den Botschaften, die er Ihnen gibt. Unterdrücken Sie darum Tränen niemals. Sonst verstopfen Sie das für Ihre Seele so wichtige Ventil.

Erlauben Sie sich das Gefühl der Traurigkeit, aber identifizieren Sie sich nicht damit. Sie könnten sich sonst als Opfer fühlen und suchen nach einem „Täter“ als Ursache für diese Empfindung.
Täter und Opfer gibt es in vielen Konstellationen. Wenn zum Beispiel eine Frau von ihrem Mann immer wieder misshandelt wird und diesen nicht verlässt, dann trifft die Opferrolle auf sie nicht mehr zu, weil sie sich Hilfe holen könnte, dies aber unterlässt. Oder aber man fühlt sich schuldig, wenn man das Gefühl hat, versagt zu haben, weil man anderen Menschen nicht geholfen hat. Es gibt nie eine Opferrolle, wenn man selbstverantwortlich lebt und die für sich entsprechenden Entscheidungen trifft.
Auf Alpha erfahren Sie, welche notwendige Korrektur Sie in Ihrem Leben durchführen müssen. Wenn Sie dann entsprechend handeln, bleiben Sie nicht in der Opferrolle stecken. Erleben Sie beispielsweise in Ihrem Leben einen tiefen Einschnitt durch Ängste, Schmerz, Krankheit, Trennung oder Tod nahestehender Menschen, dann kommen Sie nicht mehr daran vorbei, nach innen zu schauen. Was will Ihnen dieser Lebenseinbruch sagen? Welche Bedeutung hat er für Sie? Befreien Sie sich aus der zeitlichen und räumlichen Gefangenschaft, gehen Sie auf die Alpha-Frequenz und lösen Sie dort belastende Einschränkungen Ihres Lebens auf.

Bedenken Sie jedoch, dass Sie kein einziges unangenehmes Geschehen Ihres Lebens vergessen können, auch nicht die

dazugehörigen Gefühle. Aber Sie können den negativen Beigeschmack dieser Gefühle korrigieren. Wenn Sie sich an ein negatives Erlebnis erinnern, kommen auch immer alle damit verbundenen Gefühle wie Groll, Hass, Wut, Angst, Frustration, Enttäuschung oder auch Schuld in Ihnen hoch. Es ist sehr wichtig, diese unangenehmen Gefühle zu korrigieren. Denn wenn Sie in eine neue, aber ähnlich gelagerte Situation kommen, belegen Sie diese mit dem Gefühl aus der Vergangenheit. Ihr Denken greift auf die abgespeicherten Erfahrungen zurück. Diese stehen Ihnen dann massiv im Wege, weil Sie eine neue Situation mit einem alten Gedankenmuster verknüpfen. Wie soll da etwas wirklich Neues entstehen? „Nicht schon wieder", denken Sie, bevor etwas Wesentliches geschehen ist. Aber Ihr Gehirn ist bereits davon überzeugt, dass sich Vergangenes wiederholt.
Ihre Überzeugung wird funktionieren, denn sie entspricht einem sehr massiven Wunsch. Und was Sie denken, wird geschehen. Schon im alten China hieß es: „Achte auf Deine Gedanken, sie sind der Anfang Deiner Taten." Deshalb ist es so wichtig, die alten Muster zu löschen. So viele Menschen schleppen ihre alten Muster in neue Lebenssituationen mit hinein. Sie denken sogar, weil sie reich an Erfahrungen sind, wären sie auf neue Situationen besser vorbereitet. Das Gegenteil ist der Fall, denn diese Erfahrungswerte sind leider Wiederholungszwänge. Wie gehen Sie damit um? Bringen Sie sich mit der Drei-zu-Eins-Methode auf Alpha, wählen Sie eine bestimmte Technik zur Klärung und gehen Sie in eine vergangene unangenehme Situation hinein. Spüren Sie die damit verbundenen negativen Gefühle, die jetzt in Ihnen hochsteigen. Bewerten und verurteilen Sie sich dafür nicht. Machen Sie sich keine Vorwürfe, spüren Sie einfach Ihren Zustand und korrigieren Sie diesen.

Es geht dabei um die wesentliche Veränderung, die Vergangenheit als eine Erfahrung abzuspeichern, die frei von negativen Gefühlen ist. Sie bleiben dann nicht in der Opferrolle stecken, gehen lachend und selbstbewusst durchs Leben und gestalten unbelastet Ihre Zukunft.

Geist steht über Materie

„DEIN GANZER KÖRPER IST IN DEINEM GEIST,
JEDOCH NICHT DEIN GANZER GEIST IN DEINEM KÖRPER.“
(JACK SCHWARZ)

Jack Schwarz, ein amerikanischer Experte für Psychophysik, meinte damit, dass die einzelnen Bausteine unseres gesamten Körpers im Geist enthalten sind – unser kompletter Geist jedoch nicht in unserem Körper. Dann wären Geist und Körper lediglich eine gleichwertige, begrenzte Größenordnung. Unser Geist ist aber grenzenlos – er steht über der Materie.

Ein Unfall in freier Natur kann Sie plötzlich zu einem hilfsbedürftigen Menschen machen. Sie sind handlungsunfähig und wissen, dass Ihnen von außen nicht sofort geholfen werden kann. Auf Alpha haben Sie dann die Möglichkeit, selbst zu bestimmen, wie lange Sie ohne Nahrung oder Flüssigkeit auskommen können. Wenn Sie programmieren, zwanzig Tage ohne Essen auszukommen, gibt Ihnen dieser Gedanke die Sicherheit, dies auch zu schaffen. Wenn Sie programmieren, nur zwei Tage ohne Wasser überleben zu können, dann wird es so sein. Sind Sie sich jedoch in Ihrem Innern völlig sicher, zehn Tage lang auf jegliche Flüssigkeitszufuhr verzichten zu

können, dann werden Sie auch nach diesen zehn Tagen nicht verdurstet sein. Fragen Sie in solch einer Notsituation Ihr Bauchgehirn, nach wie vielen Tagen die Rettung eintreffen wird. Und programmieren Sie dann, dass Sie bis dahin überleben werden. Sie beherrschen mit Ihrem Geist die Materie und programmieren Ihre Überlebensstrategie.
Es gibt unzähligen Beispiele, wie Menschen in lebensbedrohlichen Situationen unbewusst übernatürliche Kräfte entwickeln, um ihr Überleben zu sichern: Das Kind, das bei Eiseskälte unbeschadet eine ganze Nacht im Freien ausharren konnte, weil es sich ein wärmendes Feuer vorgestellt hat. Oder verschüttete Bergleute, die tagelang in einer Luftblase überlebten. Sie alle kannten nicht die Silva-Methode, wandten aber in ihrer Todesangst das in jedem Menschen ruhende Urwissen an. „Glaube versetzt Berge", heißt es im alten Testament. Auch das funktioniert, wie alles andere auch, immer in zwei Richtungen. So starb ein amerikanischer Tramper, der sich in den Kühlwaggon eines Zuges eingeschlossen hatte an Unterkühlung, obwohl das Aggregat ausgeschaltet war. Er glaubte, erfrieren zu müssen – und es geschah.

Überlassen Sie bei Krankheit Ihre Genesung nicht allein den Ärzten. Plagen Sie sich nicht mit Angstgedanken, ob alles wieder gut werden wird. Arbeiten Sie aktiv auf Alpha an Ihrer Gesundung mit und Ihr Körper wird Ihnen gehorchen. Heute leugnet niemand mehr, dass das Entscheidende die innere Einstellung zum Leben ist. Sie aktivieren Ihr inneres Time-System, um es in schwierigen Situationen bewusst und willentlich zu steuern.

Die Konsequenz der Selbstverantwortung

Was hat Sie bislang davon abgehalten, aus Ihrem Leben das Beste zu machen? Welche und wie viele Wünsche haben Sie? Fehlt Ihnen der Mut, diese umzusetzen, weil Sie Angst vor Veränderung haben? Wagen Sie die neuen Schritte ins Unbekannte nicht? Oder glauben Sie, Rücksicht auf Ihren Partner, Ihre Kinder nehmen zu müssen? Wenn eingefahrene Gleise nicht mehr zu Ihnen passen, müssen Sie sie ändern. Das Leben ist einmalig und kostbar. Vergeuden Sie es nicht. Lernen Sie, Prioritäten zu setzen und halten Sie sich vor Augen: „Wenn Du loslässt, hast du zwei Hände frei".

Sie dürfen für niemanden Ihr eigenes Leben hintenan stellen. Denn niemand außer Ihnen selbst kann es leben. Der Mensch ist für sich selbst verantwortlich. Selbstverantwortung ist aber keineswegs ein Freibrief, sich jeder spontanen Neigung hinzugeben. Gerade im partnerschaftlichen Bereich geht es heute mehr und mehr darum: „Was bringt das mir?" Das sind kurzlebige, egoistische Auswüchse, wie die ansteigenden Scheidungsraten bezeugen. Selbstverantwortung bedeutet etwas ganz anderes: Sie sind verantwortlich für alles, was Sie tun und Sie müssen für alles die Konsequenzen tragen.

Die meisten Menschen wissen nicht, was das bedeutet. Im Klartext: Niemand kann irgendwelchen äußeren Umständen die Schuld geben für das, was in seinem eigenen Leben nicht stimmt. Auch lässt sich nichts auf andere Menschen abwälzen. Trotzdem ist heute dieses Verhalten weit verbreitet, denn jeder will sich ein großes Stück Glück vom Lebenskuchen abschneiden, ohne die Konsequenz dafür zu tragen. Manche wollen eine andere Partnerschaft, und gucken sich jemanden aus. Sie fragen nicht danach, ob er/sie verheiratet ist oder nicht. Sie brechen einfach ein und wollen „haben".

Oder man will ein höheres Ansehen, einen besseren Job und intrigiert gegen seine Kolleginnen und Kollegen. Mobbing wird in der Arbeitswelt zu einem immer größeren Problem. Ich komme zuerst und es geht immer nur und ausschließlich um mich – nein, das ist kein selbstverantwortliches Leben. Das ist blanker Egoismus. Und anstatt miteinander, leben die Menschen gegeneinander und sind immer mehr im Konkurrenzdenken verhaftet.
Auf kurze Sicht mögen solche Menschen Erfolg haben, aber nicht langfristig. Das altbekannte Sprichwort „Gottes Mühlen mahlen langsam, aber sicher" ist in der selbstherrlichen Machergesellschaft in Vergessenheit geraten. Es wirkt aber trotzdem.

Jeder startet unter anderen Vorzeichen ins Leben. Die einen scheinen begünstigt, weil sie in gesicherte Verhältnisse hineingeboren werden, die anderen wachsen in seelischer und/oder materieller Armut auf. Es kommt dabei auf den Einzelnen an, wie er mit seiner individuellen Situation umgeht. Trägheit ist heute oft ein Problem vieler Kinder, denen es besonders gut geht. Sie glauben, dass es in ihrem Leben immer so weitergeht, ohne dafür etwas tun zu müssen. Kommen sie später in eine Lebenskrise, werden sie möglicherweise damit nicht fertig.
Bei Kindern, die in armen oder anderen ungünstigen Verhältnissen aufwachsen, kommt es darauf an, ob sie genügend motiviert sind, da herauszukommen oder ob sie resignieren. Was ist das Geheimnis derer, die es schaffen? Solche Menschen reagieren auf Krisen nicht passiv, sondern bemühen sich, auch in schwierigen Lebensphasen ihre Aufgaben selbstverantwortlich zu erfüllen. Sie geben sich nicht negativen Gefühlen wie Groll, Neid oder Eifersucht hin, sondern bewahren trotz aller

Belastungen ihre Zuversicht, dass sie alles in Ordnung bringen können. Wen dieses Thema interessiert, dem empfehle ich das Buch von Judy Harris: „Ist Erziehung sinnlos?“

Ein anderer Schwachpunkt im Leben kann eine Beziehung sein, wenn sie nur deswegen eingegangen wird, um darin Halt, Schutz und Geborgenheit zu bekommen. Wer sich das nicht selbst geben kann, gerät schleichend in eine fatale Abhängigkeit. Dahinter verbirgt sich die Angst vor Einsamkeit. Kommt es in einer solch abhängigen Beziehung zu einer Trennung, werden die Betroffenen sehr schnell depressiv. Ein aus sich selbst lebender Mensch kann auch mit sich alleine glücklich sein. Er ist offen für die Impulse aus seinem Innern und setzt diese auch um. Er lebt das Alleinsein („im All eins sein“), weil er bei sich bleibt. Und darum kann er dann auch eine glückliche Beziehung eingehen.

Haben Sie sich anstecken lassen von der internationalen Krankheit des weinerlichen, resignierenden Jammerns, um sich der eigenen Verantwortung zu entziehen? Wer immer nur jammert, schwächt sich selbst. Er gleicht einem Alkoholiker, der jedes kleine Unglück und jede Niederlage ersäuft und dadurch irgendwann endgültig die Fähigkeit verliert, in seine Mitte zu kommen. Damit verbaut er sich nachhaltig den Weg zu Glück und Erfolg.
Das Verhaltensmuster der „glücklichen“ Jammerer wie auch der ewigen Negativ-Denker ist ein suchtähnliches Lebenselixier, eine vermeintlich sprudelnde Kraftquelle, die sich jedoch immer ins Gegenteil umkehrt. Wenn das auch Ihr Muster sein sollte, machen Sie sich Notizen, in welchen Schritten Sie es verändern wollen. Und handeln Sie sofort nach jedem Schritt!

Sind Sie ein Mensch, der immer gerne alles aufschiebt, anstatt es direkt zu erledigen? Beginnen Sie ab jetzt jeden Tag so, dass sie persönliche oder schwierige Dinge sofort in Angriff nehmen. Wer unangenehme Aufgaben gleich erledigt, tut das für sich und nicht für irgendjemand anderen. Sie befreien sich von dem mulmigen Gefühl, das durch das Aufschieben unentwegt an Ihnen nagt und Sie verbrauchen weniger Energie. Das gilt auf allen Ebenen, auch den wirtschaftlichen.
Oder gehören Sie zu jenen, die immer nur ernst sind? Machen Sie doch einmal eine Lachtherapie. Spüren Sie die verblüffende Wirkung, wenn Sie willkürlich Ihre Mundwinkel nach oben ziehen. Es geht Ihnen sofort besser, ihre gestaute Energie kommt wieder in Fluss und Ihr Bauchgehirn sendet wieder reichlich Ideenimpulse ans Kopfgehirn.

Nutzen Sie in solchen Fällen auch immer wieder die Alpha-Frequenz, indem Sie die Drei-zu-Eins-Methode anwenden. Wählen Sie eine Technik aus und lösen Sie damit jedes einzelne Problem. Ich selbst benutze sehr gerne den Bewusstseinsspiegel. Machen Sie das schrittweise und kommen Sie dann wieder aus Alpha heraus.
Beobachten Sie, wieweit sich Ihr Leben bereits verbessert hat und belohnen Sie sich mit irgendetwas für jeden errungenen Sieg, mag er noch so klein sein. Sie haben einen Stolperstein aus dem Weg geräumt und das ist eine Belohnung wert. Räumen Sie so nach und nach einen Stolperstein nach dem anderen beiseite, bis Sie Ihr endgültiges Ziel erreicht haben.

Vom Misserfolg zum Erfolg

Ein Familienvater war bereits jahrelang als Verkäufer tätig. Seine in jungen Jahren erlernte Verkaufsstrategie, die er als prägendes Muster abgespeichert hatte, verlief solange erfolgreich, bis er eine negative Einstellung zu seinen Produkten bekam, obwohl sie qualitativ hochwertig waren. Er spürte dies zwar mit seinem Bauchgefühl, ignorierte aber diese Information im Kopf. Er ließ stattdessen seinen Intelligenzquotienten auf Hochtouren laufen, ob er nicht besser eine andere Ware verkaufen sollte. Sein Verstand redete ihm ein, dass sein plötzlicher Misserfolg an der falschen Ware liegen musste, denn verkaufen konnte er. Daran gab es keinen Zweifel. Oder war es nicht die richtige Stadt, in der er die Produkte anbot? Sollte er ganz woanders hinziehen? Weit weg von seiner Familie? Nein, das wollte er nicht. Sein rationales Denken drehte sich immer mehr im Kreis. Er hatte keine Lösung, resignierte und seine Frustration wuchs täglich.

Hätte er ein Silva-Seminar besucht, wären ihm durch die Arbeit auf Alpha verschiedene Lösungen in den Sinn gekommen. Er hätte möglicherweise aus seinem Bauchgehirn erneut den Hinweis erhalten, einfach seine Einstellung zu dem Produkt zu ändern – und er hätte diesem ersten Eindruck vertraut und ihn umgesetzt. Denn jede Ware lässt sich verkaufen, es gibt für alles einen Käufer. Wäre er dafür offen gewesen, den Käufern zu begegnen, die genau diese Ware wollen, wäre es auch geschehen.

Damit hätte er das Prinzip von Ursache und Wirkung neu gestaltet. Es geht hier um die Korrektur im Geiste, denn nur das einseitige, rationale Denken schafft Blockaden. In diesem Fallbeispiel müsste sich der Verkäufer sagen: „Ich spüre Angst in mir, diese Ware schlecht oder gar nicht zu verkaufen. Ich

möchte das aber nicht." Im nächsten Schritt könnte er jeden Abend kurz vor dem Einschlafen auf Alpha den Gedanken aussenden: „Hier ist meine Ware. Ich visualisiere sie und verpacke sie in den Wunsch, dass genau die Menschen den Weg zu mir finden, die diese Ware haben wollen." Und schon hat er seine Verkaufsstrategie grundlegend geändert und verbessert.
Sollte er dennoch das Bedürfnis verspüren, sich örtlich zu verändern, ist das selbstverständlich weiterhin möglich. Er muss nur auf seine innere Stimme hören und sich eine Trauminformation wünschen, die ihm einen deutlichen Hinweis gibt, wie er dieses Thema lösen soll. Frei von grüblerischen Sorgen um seine Familie, ist er dann wachsam für Hinweise aus seinem Bauchgehirn, denn der von dort empfangene Impuls enthält für alle Beteiligten eine gute Lösung.

Ich nenne Ihnen ein weiteres, sehr interessantes Beispiel von einem Seminarteilnehmer: Weil er seine Ware nicht mehr erfolgreich verkaufte, kündigte er in seiner Firma und wechselte zu einem anderen Unternehmen. Dort ging es um völlig andere Produkte, zudem stieg er zum Geschäftsführer auf. Da er aber sein eigentliches Thema innerlich nicht geklärt hatte, kam das Problem von anderer Seite erneut auf ihn zu. Die ihm unterstellten zehn Mitarbeiter hatten allesamt Verkaufsprobleme verschiedenster Art. Muss ich Ihnen noch näher erläutern, was das für ihn bedeutete? Er musste sich jetzt noch intensiver mit Verkaufsstrategien herumschlagen als vorher und verstrickte sich dadurch immer mehr in sein eigentliches Problem.
Der verzweifelte Mann besuchte das Silva-Seminar und schilderte mir das Dilemma seines anhaltenden Misserfolges.

Wir korrigierten zusammen seine alte Einstellung. Er begriff, dass er zusammen mit seinen Mitarbeitern nun seine eigene versäumte Aufgabe lösen musste. Und deshalb schickte er alle zehn Mitarbeiter in meinen Kurs. Heute führt er ein sehr erfolgreiches Unternehmen, denn mit der richtigen Einstellung verbesserte sich zusehends das Arbeitsklima, die Kunden fühlen sich gut aufgehoben und die Verkaufszahlen steigen.

Egal, ob es sich um Ihre Familie, Ihr persönliches Glück, Ihr Unternehmen oder Ihren beruflichen Erfolg handelt, beziehen Sie immer das Wohlergehen aller davon betroffenen Menschen mit ein.
Wünschen Sie sich eine Lösung zur Zufriedenheit der gesamten Familie. Auch hierzu habe ich ein Beispiel aus einem Seminar. Ein Familienvater wollte seinen Wohnsitz in eine andere Stadt verlegen. Aber er fühlte sich wegen seines Sohnes in seinem Entschluss unfrei. Dieser war zwar bereits mit der Schule fertig, hatte aber keinen Studienplatz und lebte noch im elterlichen Haus.
Der Vater ging mit der Drei-zu-Eins-Methode auf die Grundstufe und visualisierte sein Problem. In der Nacht bekam er die klärende Information: Er soll sich bei dem von ihm favorisierten Unternehmen in der anderen Stadt bewerben. Entsprechend dieser Idee handelte er sofort. Es kam zu einem Vorstellungsgespräch und er war überrascht, mit welcher Freundlichkeit ihn sein potenzieller Vorgesetzter empfing. Man bot ihm schließlich diese Stelle an. Abends sprach er darüber mit seiner Frau und er war wiederum erstaunt, dass sie eine Trennung für zwei Monate akzeptieren würde.
Er wollte aber keine Trennung und programmierte weiter. Eines Abends empfing ihn seine Familie mit einer großen Neuigkeit. Der Sohn hatte genau in dieser Stadt einen

Studienplatz erhalten, in der sein Vater bald arbeiten würde. Es kam also zur Übersiedlung der gesamten Familie. Ich lernte Monate später die Frau dieses Mannes kennen und sie versicherte mir, sie sei so überrascht gewesen, wie leicht sich damals alles für ihre Familie gefügt habe. Als eigentlich sesshafter und eher unflexibler Mensch fragte sie nach dem Umzug ihren Mann, warum das alles so reibungslos verlaufen sei. „Das alles lernst Du im Silva-Seminar", antwortete er und so kam sie zum Kurs.

Fazit: Steigen Sie niemals aus einem Unternehmen oder einer Familiensituation aus, ohne das Problem vorher zu lösen. Ohne eine innere Korrektur geraten Sie zwangsweise immer wieder in dieselbe Situation.

Was tun, wenn die Tür zur Chefetage versperrt ist?

Ihr Chef hat einen Beschluss gefasst, der in Ihren Augen eine krasse Fehlentscheidung ist. Obwohl er Sie nicht nach Ihrer Meinung gefragt hat, möchten Sie dennoch diesen Fehler verhindern. Wie lösen Sie so etwas?
Abends vor dem Einschlafen wünschen Sie sich einen Hinweis, wie dieses Problem anders gelöst werden könnte. Sie bekommen eine Information. Möglicherweise spricht Ihr Chef Sie auf das Thema an, oder er wird durch eine Medien-Information angeregt, seinen Beschluss nochmals zu überdenken, oder aber spricht mit einer anderen Vertrauensperson darüber. Wohin der Stein rollt, den Sie in Bewegung gebracht haben, spielt keine Rolle. Es geht nur darum, dass es nicht zu diesem verhängnisvollen Beschluss kommt.

Sollte dieser erste Schritt, den Sie gesetzt haben, nicht den erwünschten Erfolg bringen, dann löschen Sie dieses Problem. Es ist dann nicht mehr Ihre Sache und deshalb ist es wichtig, sich von dieser Sorge, die ja Ihr eigenes Wohlbefinden schwächt, zu befreien. Sie haben getan, was Sie konnten und sich zugunsten des Unternehmens eingebracht. Und obwohl es niemand weiß, wird es sich entsprechend dem Gesetz von Ursache und Wirkung positiv auf Sie auswirken.

Menschen in Führungspositionen tragen sowohl nach oben als auch nach unten Verantwortung. Wer in der Hierarchie ganz oben steht, hat die größte Macht. Viele Führungskräfte sind bestrebt, diese Macht mit keinem Untergebenen zu teilen. Sie unternehmen alles, um Kontakt und Einfluss von unten nach oben einzuschränken oder gar völlig zu unterbinden. Diese Mechanismen des Machterhalts liegen oft im System begründet und müssen nicht immer in der Persönlichkeitsstruktur der Führungskraft zu suchen sein.
Als Untergebener haben Sie dann keine Chance, die Schallmauer zur Geschäftsführung zu durchbrechen. Die Türen nach oben sind verriegelt. Sie fühlen sich hilflos, ohnmächtig – eben ohne Macht. Was können Sie tun, wenn die direkte Kommunikation zur Geschäftsführung abgeblockt ist?
Das genau ist ein Präzedenzfall für die Silva-Methode. Der praktische Weg ist total versperrt – jetzt ist mentale Arbeit die einzige Möglichkeit. In diesem Beispiel beginnt der erste Schritt zur Lösung des Problems mit der „subjektiven Kommunikation“ durch Einschalten der inneren Sinne: Was sendet Ihnen Ihr Bauchgehirn? Achten Sie darauf, und spinnen Sie die Fäden nach den ersten Ergebnissen weiter. Korrigieren Sie für sich das, was im jeweiligen Moment ansteht.

Hören Sie bei Gesprächen mit Vorgesetzten nicht nur mit dem rationalen Verstand auf die gesprochenen Worte, sondern erfassen Sie mit dem Bauchgefühl das, was wirklich gemeint ist. Oft sind Manager deshalb schlechte Vermittler, weil sie nicht die Sprache sprechen, die ihre Mitarbeiter verstehen. Die Untergebenen fühlen sich unverstanden, verlieren ihren Selbstwert, und ein Gefühl von Unzulänglichkeit und Minderwert macht sich breit. Sie verlieren dadurch den Kontakt zu ihrem Bauchgehirn und verstopfen ihre innere Informationsquelle. Ein Teufelskreislauf beginnt, weil die Kommunikation mit den Vorgesetzten immer schwieriger wird. Jammern und resignieren führt zu nichts, genauso wenig wie ein beleidigtes Zurückziehen oder Unhöflichkeit.
Arbeiten Sie in solchen Fällen täglich auf Alpha an diesem Problem, und Sie werden Schritt für Schritt Ihre Situation verbessern. Begegnen Sie allen Beteiligten immer höflich und mit Achtung, aber bleiben Sie trotzdem bei sich. Das schärft Ihre Aufmerksamkeit für alles, was in Ihrem Arbeitsumfeld geschieht. Weder Lob noch Tadel werden dann über- oder unterbewertet, sondern richtig eingeschätzt.

Gehen Sie morgens Ihren Arbeitstag auf Alpha durch. Nehmen Sie sich dafür die nötige Zeit. Wenn Sie dies konsequent tun und immer öfter positive Resultate erzielen, wird es Ihnen in Fleisch und Blut übergehen. Mit zunehmender Übung wird es Ihnen dann gelingen, auch tagsüber immer häufiger und länger auf Alpha zu sein. Das ist der beste Garant für entspanntes, kreatives und erfolgreiches Arbeiten. Wenn Sie spüren, dass irgend etwas nicht stimmt, begeben Sie sich auf die Alpha-Frequenz und achten Sie auf die ersten Impulse aus Ihrem Bauchgehirn.

Kreieren Sie eigene Affirmationen

Affirmationen sind selbst suggerierte Bejahungen, also positive Sätze, die durch ständige Wiederholungen wirken sollen. Beginnen Sie jeden Tag mit einer positiven Affirmation. Ein solcher Morgengruß an sich selbst könnte lauten:

**„Ich bin in Ordnung so wie ich bin –
alles was mir weniger gefällt, möchte ich verbessern."**

Übernehmen Sie jedoch keine Affirmation ungeprüft. Viele Menschen wiederholen unentwegt irgendwelche positive Affirmationen – aber es ändert sich nichts. Das kann es auch nicht! Denn was für den einen gut ist, trifft noch lange nicht auf den anderen zu. Sprechen Sie Affirmationen nie unreflektiert nach. Das geht an Ihrem eigenen Denken und Fühlen total vorbei. Lernen Sie, Affirmationen auf Ihre Person und Ihren Ist-Zustand individuell zuzuschneiden. Sätze, die nicht oder nur teilweise auf Sie zutreffen, bleiben ohne Wirkung. Alles muss immer als Impuls aus Ihrem eigenen Bauchgefühl hochsteigen. Stimmt für Sie etwas nicht, wird Ihnen das Ihr Bauchgehirn vermitteln. Horchen Sie also in sich hinein, um herauszufinden, welche Affirmationen für Sie aufbauend und richtig sind. Nur dann helfen sie Ihnen auch und unterstützen Sie bei Ihrem mentalen Training. Natürlich können Sie auch niederschreiben, was Sie erreichen möchten und es immer wieder lesen. Aber was immer es ist – Sie müssen es verinnerlichen, also seelisch und körperlich spüren. Ansonsten wird es Ihnen kaum oder gar nichts nutzen.
Wenn Sie mit dem Kopf Ja denken und mit dem Bauch Nein fühlen oder auch umgekehrt, wird es nicht gelingen.

Jeder ist selbst Verursacher seines Erfolges oder Misserfolges. Denn er bekommt vom Leben das, was er bestellt. Es gibt weder unverdientes Glück, noch unverdientes Leid, sondern nur Ursache und Wirkung. Der einzige Mensch, der Sie glücklich machen kann, sind Sie selbst. Allerdings sind Sie auch der einzige Mensch, der Sie unglücklich machen kann.

Der Unterschied zwischen einem Durchschnittsmenschen und einem Genie besteht darin, dass das Genie mehr von seinen geistigen Fähigkeiten verwendet und einsetzt.

Ein besseres Leben leben

Es gibt keinen Grund, sein Leben nicht zu verbessern. Unabhängig von Alter oder Lebenskrisen kann es täglich besser und besser werden, sofern man seine Einstellung ändert und offen und wach durchs Leben geht. Glück ist keine Glückssache, sondern Wissen und Arbeit an sich selbst.

Haben Sie sich jemals darüber gefreut, dass Sie morgens aufwachen? Dass ein neuer Tag in Ihrem Leben beginnt? Wenn ja, dann sind Sie ein gesunder Mensch, der die Aufgaben des Lebens bewältigen kann. Wie viele Menschen können das nicht. Wie viele stehen mit dem Gedanken auf, dass ihr Partner oder Kollege heute schlechte Laune haben könnte, dass sie keine Lust auf die zu erwartende Arbeit haben und lieber alles auf jemand anderen abschieben möchten? Sie fragen sich, wer ihnen den Kick gibt, um den Tag zu überstehen und grübeln darüber nach, was sie heute schon wieder Unangenehmes in Beruf und Familie erwartet. Diese Menschen aktivieren damit bereits den ersten ungesunden Disstress.

Nehmen Sie ab jetzt Ihr tägliches Leben selbst in die Hand. Schaffen Sie alles aus sich selbst heraus. Gönnen Sie sich morgens genügend Zeit für Ihre Entspannung und gestalten Sie Ihren Tag so, wie Sie ihn sich wünschen. Sobald negativer Stress auftaucht, räumen Sie ihn auf Alpha aus dem Weg.

Verstecken Sie sich nicht hinter immerwährenden Aktivitäten. Viele Menschen spüren Stress, wenn sie über sich selbst nachdenken. So viele unerledigte und scheinbar unüberwindbare Aufgaben tauchen an der Oberfläche auf. Dann flüchten sie vor sich selbst, weil alles so aussichtslos, unüberwindbar und unlösbar erscheint. Sie geben den äußeren Umständen die Schuld an ihrem Dilemma – ein gutes Alibi, um nicht an sich selbst zu arbeiten.

Krisen bieten neue Chancen für das Leben

Wenn jemand sein Leben selbstverantwortlich und bewusst in die Hand nimmt, heißt das jedoch nicht, dass er in seinem Leben niemals mehr Probleme bekommt. Niemand kann Ihnen ein sorgenfreies Leben versprechen. Jeder Mensch kennt schwere Lebenskrisen, die einen urplötzlich treffen und bewältigt werden müssen. Schwere Erkrankungen, Unfälle oder der Tod eines nahestehenden Menschen, Beziehungsprobleme, Scheidungen, der Verlust des Arbeitsplatzes oder auch der leise Abschied von Idealvorstellungen, die Sie in Ihrem Leben nicht verwirklichen konnten, die Angst vor dem Alleinsein, die Angst vor dem Alter – das alles sind typische Auslöser für Lebenskrisen.

Mit all diesen Situationen sind Gefühle verbunden, die in Ihrem Bauchgehirn angesiedelt sind. Jeder Mensch kennt diese Gefühle. Allerdings gehen nicht alle Menschen gleich damit um. Die einen stecken sie weg mit dem Gedanken, dass sie sich diese Gefühle nicht leisten können und so wird alles in die unterste Schublade verpackt. So kommt es dann nie zu einer befreienden inneren Aufräumarbeit und damit

zu einer wirklichen Lösung der Krise, auch wenn sie äußerlich bewältigt scheint.
Ist das bei Ihnen auch so? Dann gehören Sie ab jetzt zu jenen, die erkennen, dass jede Krise auch die Chance des Neubeginns in sich birgt.
Und denken Sie nicht, dass Ihre Freunde, Kollegen oder Nachbarn, die fröhlich durchs Leben wandern, Krisen nicht kennen würden. Unabhängig von Alter, Geschlecht oder sozialem Status kommt jeder Mensch irgendwann einmal an die Grenzen seiner geistigen und körperlichen Belastbarkeit. Dazu gehört auch die Erkenntnis, dass die Vergänglichkeit aller Dinge zum normalen menschlichen Zyklus dazugehört. Entscheiden Sie sich dafür, Ihre innere Stärke zu entwickeln. Dann überstehen Sie Ihre Schicksalsschläge und können wieder optimistisch in die Zukunft blicken. Sie müssen deswegen Ihre Sorgen oder Niedergeschlagenheit nicht negieren. Erlauben Sie sich die Zeit der Trauer. Trauer ist eine sehr wichtige Komponente unseres Lebens und gut für die Seele. Allerdings muss sie irgendwann einmal abgeschlossen sein, damit Sie wieder froh sein können.
Das Leben ist in erster Linie Arbeit an sich selbst. Leidet die Seele, schreit der Körper um Hilfe. Oder anders gesagt: Leidet das Bauchgehirn – denn da spüren Sie den seelischen Schmerz –, schreit Ihr Körper um Hilfe.

Es gibt Lebensumstände, in denen Ihnen das soziale Sicherheitsnetz keinen emotionalen Schutz mehr bietet. Dadurch werden Sie immer unfähiger, mit Belastungen fertig zu werden. Wenn Sie sich von „Gott und der Welt“ verlassen fühlen, baut sich in Ihnen Bewältigungsangst auf und versetzt Sie in Aufregung. Ihr Gehirn produziert nur noch Beta-Wellen – die Hinweise des inneren Bewusstseins können

Ihre Gehirnschranke nicht mehr durchbrechen. Das führt zu einem Teufelskreislauf.
Lassen Sie es nicht zu Lebensangst und Depressionen kommen, weil Sie keine Lösungsmöglichkeiten für Ihre missliche Situation erkennen. Ein chinesisches Sprichwort lautet: „Dass die Vögel der Sorge und des Kummers über Deinem Haupte fliegen, kannst Du nicht ändern. Aber dass sie Nester in Deinem Haar bauen, das kannst Du verhindern."
Öffnen Sie durch Ihr Fühlen und Denken das Tor zu Ihrer Seele. Warum sage ich das? Weil ich ein gläubiger Mensch bin. Niemand kann uns sagen, wo die Seele ihren Sitz hat. Jedenfalls hat sie sich mit unserem Körper verbunden und sich damit auf dieser Erde manifestiert. Alle Weltreligionen haben eines gemeinsam: Jeder Mensch steht in einer Verbindung zum Göttlichen. Alles ist mit allem verbunden und bildet eine Einheit. Auch wenn mittlerweile viele Wissenschaftler dies ähnlich sehen, brauche ich dafür keinen wissenschaftlichen Beweis. Denn als gläubiger Mensch traue ich meinem Innern, ich empfinde Gottvertrauen in mir und das bedeutet für mich, dass mein gesamtes Sein einschließlich meines Körpers eine Verbindung zum göttlichen Ursprung hat.

Bauen Sie sich ein stabiles Selbstwertgefühl auf und nehmen Sie eine optimistische Lebenseinstellung ein, um Ihre Lebenskrisen zu meistern. Deshalb ermutige ich Sie zum wiederholten Male, bei Problemen nicht der Angst die Macht zu geben. Lösen Sie stattdessen Ihre Schwierigkeiten mit den Techniken der Silva-Methode. Wer auf diese Weise sein Leben aus völlig neuer Perspektive sieht und danach lebt, erkennt das wahre Glück seines Daseins. Probleme sind dann kein Grund mehr für Depression und Resignation, sondern

Herausforderungen, die es zu meistern gilt. Danach fühlt man sich erleichtert, zufrieden und glücklich.

Offen sein für Neues

Evolution gehört zum Leben und bedingt den Fortschritt. Klären Sie, ob Sie sich dagegen wehren oder gar dem Fortschritt feindlich gegenüberstehen. Wenn es so ist, dann halten Sie sich einmal vor Augen, dass noch Menschen unter uns weilen, die den riesigen, dramatischen Sprung zum elektrischen Licht, Auto, Flugzeug, Radio und Fernsehen mitgemacht haben und verkraften mussten. Und heute jammern viele über den kleinen Schritt von der Elektrik zur Elektronik.

Machen Sie sich bewusst, wie schön unsere Heimat Europa ist. Wie viel Kultur ist hier durch stetigen Fortschritt entstanden! Natürlich hat auch das Neue immer zwei Seiten: eine schöne und eine weniger schöne. Der Pessimist oder Fortschrittsgegner sieht immer nur die schwarze Seite, lamentiert darüber und hält sich daran fest. Konstruktiver wäre die Überlegung, wie man das weniger Gute verbessern könnte.

Die Erfindung des Automobils ist ein klassisches Beispiel. Die schöne Seite ist die nie gekannte mobile Freiheit. Die weniger schöne Seite ist der damit verbundene Erdölverbrauch und die Umweltverschmutzung. Die Lösung besteht aber nicht in der grundsätzlichen Verdammung oder gar Abschaffung der Autos, sondern in der Entwicklung von Katalysatoren, sparsameren Motoren und Antriebstechniken, die nicht mit dem begrenzt vorhandenen Rohstoff Erdöl betrieben werden, sondern mit Wasserstoff oder anderen erneuerbaren Energieträgern.

Es gehört nun einmal zum Wesen des Menschen, ständig nach Neuem zu streben. Und so verändert sich die Welt und unser Leben fortwährend.

Reisen Sie und lernen Sie die Welt kennen. Das erweitert Ihren Horizont. Erfreuen Sie sich nicht nur an der Landschaft, sondern studieren Sie Land und Leute. Setzen Sie sich auf einen Marktplatz und spüren Sie die Lebenssituationen der Menschen nach. Vielleicht jammern Sie oft, dass Sie nicht genug Geld haben. Möglicherweise erleben Sie jetzt, dass andere Menschen mit weniger auskommen müssen. Und dennoch lächeln sie, sind mit sich zufrieden und haben ihren Humor nicht verloren.
Wer viel reist und alles Neue offen aufnimmt, ist in freudiger Erwartung und Spannung und produziert dadurch Glückshormone. Sie erhöhen Ihre Toleranzgrenze Fremden gegenüber und bereichern sich dadurch selbst. Vor allem aber vergrößern Sie Ihren Blickwinkel und erlangen neues Wissen aus selbst gemachten Erfahrungen. Sie betrachten dann Ihre eigene innere und äußere Welt mit völlig anderen Augen.
Das Fernsehen kann auch Wissen vermitteln. Doch wird Ihnen dort alles lediglich in vorgefertigten Bildern und Geschichten aus zweiter Hand serviert. Das ist keine erlebte Erfahrung. Lassen Sie sich deshalb nicht nur passiv berieseln und bedienen, sondern lesen Sie auch Bücher. Das regt Ihre Phantasie an. Lesen fördert automatisch das Visualisieren, weil man sich seine eigene Bilderwelt erschafft.

Wer sich nicht selbst erkennt, blockiert seine Entwicklung

Wenn Sie sofort nach dem Seminar mit den Werkzeugen der Silva-Methode arbeiten, eröffnen sich Ihnen neue Möglichkeiten und Sie erhalten Hinweise, wie Sie sich seelisch und geistig wohler fühlen. Dazu müssen Sie jedoch ehrlich zu sich selbst sein. Es gibt so viele Lebenslügen, denen wir uns allzu gerne hingeben. Sie machen nicht glücklicher, sondern bringen einen weg vom eigenen Wesenskern. Scheuen Sie sich auch nicht, zu bestimmten Charaktereigenschaften und Verhaltensmechanismen zu stehen. Nur wer sich diese ehrlich eingesteht, kann daran etwas ändern. Gehören Sie beispielsweise zu einem der nachfolgend beschriebenen Verhaltenstypen, dann schauen Sie sich dieses Muster an ohne sich zu bewerten – und korrigieren Sie es.

Der Sorgenmacher

Sie liegen im Bett, wollen gerade einschlafen, aber dann tauchen wie dunkle Geister sorgenvolle Gedanken auf: Ist die Haustür wirklich abgeschlossen? Haben Sie eine ausreichende Altersversorgung? Ist Ihr Chef mit Ihnen noch zufrieden oder bekommen Sie bald die Kündigung auf den Tisch? Geht es Ihren Kindern in der Schule, im Beruf, in ihren Ehen gut? Diese Liste ließe sich endlos fortführen.

Was macht der Sorgenmacher? Er grübelt über die Zukunft nach und rechnet immer mit dem Schlimmsten. Und diese Bedenken nimmt er mit in den Schlaf, weil er sie nicht vor dem Einschlafen auf Alpha korrigiert. Außerdem versäumt er es, den beendeten Tag Revue passieren zu lassen, ihn zu klären und sich auf die Verbesserung des nächsten Tages vorzubereiten. Der Sorgenmacher muss sich seines Grübelns bewusst werden und es klären. Er weiß dann, dass er sich erst dann Gedanken machen muss, wenn es für Sorgen einen realen Anlass gibt.

Sind Sie auch ein Sorgenmacher? Dann gehen Sie mit der Drei-zu-Eins-Methode auf die Grundstufe und wenden Sie die Technik des Bewusstseinsspiegels an. Stellen Sie sich den Spiegel mit dem weniger schönen Rahmen vor und projizieren Sie sich selbst hinein. Erleben Sie sich als Sorgenmacher. Spüren Sie all Ihre vorgestellten Ängste so unangenehm und intensiv wie möglich. Je stärker dieses negative Gefühl ist, umso besser. Nun fragen Sie sich, was Sie effektiv tun können, um aus dieser Sackgasse herauszukommen. Verlassen Sie sich auf Ihren ersten Eindruck. Speichern Sie ihn, damit Sie ihn nach der Übung sofort in die Tat umsetzen können.

Zerschlagen Sie jetzt den Spiegel und erschaffen Sie links von sich einen neuen glasklaren Spiegel mit einem wunderschönen Rahmen. Projizieren Sie sich wieder hinein, denken und fühlen Sie eine angenehme, sorgenfreie Situation und sagen Sie sich: „Meine Zukunft wird ab jetzt von diesem wunderbaren Gefühl getragen."

Sie bringen damit den ersten Stein ins Rollen. Wohin er rollt, ist ungewiss. Möglicherweise führt er Sie zur nächsten Korrektur. Dann korrigieren Sie solange, bis jedes unangenehme Gefühl zu Ihren Sorgen restlos beseitigt ist. Damit ist der Sorgenmacher emotional gelöscht. Es ist nicht möglich, ein Thema oder etwas Geschehenes zu löschen, sondern nur das unangenehme Gefühl dazu. Das ist es, was befreit.

Der Betrugskünstler

Sie erhalten aus dem Bauchgehirn den Impuls, endlich abzunehmen, und Sie wollen diesen Vorsatz in die Tat umsetzen. Abends sitzen Sie dann doch wieder vor einem Fünf-Gänge-

Menü. Oder Sie wollen das Rauchen aufgeben. Aber dann wird die Tasse Kaffee serviert und dazu schmeckt nun mal eine Zigarette so gut.
Der Betrugskünstler will nicht wirklich Verantwortung für sich übernehmen. Jede Ausrede ist ihm recht, einen Vorsatz nicht zu befolgen. Er verbaut sich damit jede Chance, an der Bewältigung seiner Probleme zu wachsen.
Schauen Sie sich Ihren frommen Selbstbetrug an und verwenden Sie zur Korrektur wieder den Bewusstseinsspiegel. Erleben Sie sich im ersten Spiegel, wie Sie Ihre guten Vorsätze gebrochen haben. Spüren Sie das unangenehme Gefühl, das in Ihnen auftaucht. Gehen Sie da ganz hinein und dann merken Sie sich die Idee der Korrektur. In dem schönen Spiegel auf der linken Seite sehen und fühlen Sie intensiv, wie Sie Ihre Vorsätze in die Tat umsetzen. Handeln Sie jedes Mal sofort nach der Korrektur.

Der Schmeichler

Sind Sie zu gut für diese Welt und dadurch zum Schmeichler geworden? Helfen Sie selbstverständlich an Ihrem freien Tag Ihrem Nachbarn beim Umzug? Übernehmen Sie trotz Ihres schlechten Kontostandes für einen anderen die Rechnung für das Essen im Restaurant? Nehmen Sie den beißwütigsten Hund in Pflege, wenn Ihre Nachbarn Sie danach fragen? Das alles gehört in die Kategorie „Geltungsdrang", den Sie sich auf diese Art und Weise holen. Der Schmeichler ist furchtsam und traut sich nicht, Nein zu sagen.
Benutzen Sie die Technik des Bewusstseinsspiegels und spüren Sie in dem weniger schönen Spiegel die unangenehmen Gefühle solcher Situationen. Machen Sie sich Ihr ohnmächtiges Verhalten anderen gegenüber bewusst und korrigieren Sie dieses schnellstmöglich. Sehen Sie dann in Ihrem schönen

Spiegel, wie Sie sich selbst Anerkennung und Geltung zollen. Tauchen Sie tief in dieses Gefühl ein und genießen Sie es. Spüren Sie, wie Sie sich nicht mehr von anderen vereinnahmen lassen, nur um von ihnen gemocht zu werden. Sagen Sie deutlich, was Sie denken und was Sie wollen. Spüren Sie auch hier wieder dieses aufbauende Gefühl – und handeln Sie entsprechend.
Wenn Sie jetzt morgens aufwachen, freuen Sie sich über die bereits erzielten Erfolge. Sie sind dabei, einen Stolperstein nach dem anderen aus dem Weg zu räumen, und kommen Ihrem Ziel zum eigenen Selbstwert immer näher. Sie haben eine eigene Meinung und vertreten diese auch unmissverständlich. Sie sind nicht mehr abhängig davon, ob andere Sie mögen. Solange Ihnen die Bedürfnisse anderer wichtiger sind als Ihre eigenen, flüchten Sie vor sich selbst und drücken sich vor Ihrer Verantwortung.

Der Workaholic

Wie viele Menschen beziehen ihren Selbstwert aus der Leistung? Gehören Sie zu jenen, die sich nur als Fleißige etwas wert sind? Müssen Sie für diese Anerkennung gar ein Workaholic werden? Der Terminkalender eines solchen Menschen ist immer randvoll. Und er erledigt alles gleichzeitig. Hier telefonieren, dort kurz mit jemandem sprechen, Anweisungen geben, Fragen beantworten, Unterlagen ordnen – immer hektisch und getrieben, dabei humorlos und ständig im Stress. Er springt von einem Gedanken zum anderen, hat weder Zeit für sich selbst noch für seine Freunde. Wer sich auf diese Weise antreibt, ist kein aktiver Mensch. Ein aktiver Mensch arbeitet gern, unter Umständen genauso schnell, aber mit Spaß an der Arbeit. Er macht eines nach dem anderen, powert sich jedoch nicht aus, sondern schöpft sogar Kraft aus seinem Tun. Beachten Sie diesen Unterschied. Ändern Sie das alles wie oben beschrieben mit der Technik des Bewusstseinsspiegels.

Der Streber

Fristen Sie Ihr Dasein als Streber, der immer das Gefühl in sich nährt, er könnte alles noch besser machen? Sehen Sie Ihre Kollegen als Konkurrenten, weil Sie immer der Beste sein wollen? Müssen Sie beim Sport mit Ihren Freunden immer der Sieger sein? Verlieren Sie das Interesse an einer Konversation, in der Sie nicht das Wort führen? Streber stehen unter dem Zwang, besser zu sein als andere und holen sich da heraus ihren Selbstwert. Sie stehen damit auf einem sehr wackligen, einsamen Podest, denn sie erbringen zwar Höchstleistungen, aber menschlich werden sie abgelehnt. Streber messen ihren eigenen Wert an Statussymbolen wie Gehaltshöhe, Automarke und dem Handicap beim Golf.

Auch für diesen Verhaltensmechanismus ist der Bewusstseinsspiegel die richtige Technik. Spüren Sie Ihre Einsamkeit, Ihr Verlassensein in allen Nuancen in dem weniger schönen Spiegel rechts. Erschaffen Sie sich dann in Ihrem wunderschönen Spiegel links das wohltuende Gefühl, wie Sie zwar immer noch leistungsmäßig an der Spitze stehen – aber ohne Zwang. Sie gehen souverän mit Ihren Kollegen um, haben Humor und Mitgefühl für sich selbst und andere. Setzen Sie Ihre auf Alpha gewonnene Erkenntnis sofort in Ihrem Leben um und Sie werden vom Ergebnis überrascht sein.

Der Ehrgeizige

Auch Ehrgeiz ist etwas Zwanghaftes. Ein ehrgeiziger Mensch ist ein tüchtiger, fleißiger Mensch, der in enger Verwandtschaft zum Streber steht. Sein Motto: Je erfolgreicher ich bin, umso mehr werde ich geliebt. Nur stimmt es leider nicht, weil der Ehrgeizige sein Ziel verbissen anstrebt. Zusätzlich schließt Ehrgeiz aus, jemals mit dem Erreichten zufrieden zu sein. Ehrgeiz engt die Lebensqualität ein, denn wer seinen Aufgabenbereich beherrscht und sein Bestes gibt, braucht sich nicht unnötig anzuspornen. Dieses Thema lässt sich ebenfalls mit der Technik des Bewusstseinsspiegels klären.

Der Unbeherrschte

Sind Sie häufig auf „180"? Dann arbeitet Ihr Gehirn auf einer sehr hohen Beta-Frequenz – Sie sind im wahrsten Sinne des Wortes außer sich. Wer schnell hoch geht, ist unbeherrscht, ärgert sich oft und heftig über andere, nimmt Reklamationen oder Beschwerden immer persönlich. Der Unbeherrschte macht aus einem Tennismatch eine Schlacht. Schon eine Lappalie löst bei ihm einen Wutanfall aus. Weil er das Gefühl hat, sich ständig wehren zu müssen, reagiert er oft zynisch.

Er geht bei Fehlern oder Unzulänglichkeiten anderer deswegen so schnell hoch, weil er unbewusst seine eigenen Schwächen verdrängt. Darum richtet sich sein Groll, den er gegen die anderen hegt, letztlich gegen sich selbst.

Können Sie sich mit diesem Typus identifizieren? Dann müssen Sie zuerst einmal Ihre eigenen Schwächen erkennen und akzeptieren. Lachen Sie auch mal über einen Fehler, der Ihnen unterlaufen ist. Hegen Sie keinen Groll, wenn etwas nicht perfekt läuft – weder gegen sich noch gegen andere.

Nur wer sich selbst mit all seinen Fehlern und Schwächen akzeptiert, hat auch Verständnis für die Unzulänglichkeiten seiner Mitmenschen. Wer nicht verzeihen kann, kämpft meist mit eigenen Schuldgefühlen. Reagieren Sie auf Probleme nicht aggressiv, sondern werden Sie erst einmal ruhiger und denken Sie stattdessen über mögliche Lösungen nach. Sprechen Sie brisante Themen erst dann an, wenn Sie entspannt sind. Um während eines Gesprächs den Faden in der Hand zu halten, die richtigen Worte zu finden und Gelassenheit zu bewahren, empfiehlt sich die Drei-Finger-Technik. Diese Methode lernen alle Teilnehmer/-innen in einem Silva-Seminar, um in jeglicher Alltagssituation schnell und unauffällig auf Alpha zu kommen. Sie können aber auch eine andere der vielen Techniken des Seminars auswählen, die Ihnen für die Lösung Ihres Problems am meisten entspricht.

Man kann in jedem Alter sein Leben verbessern

Jeder Mensch trägt die Fähigkeit in sich, offen für Neues durchs Leben zu gehen. Interessiert Sie etwas so sehr, dass Sie sich mehr mit dem Thema befassen wollen? Dann tun Sie es. Trauen Sie sich. Zweifeln Sie nicht an Ihrem Können, sonst landen Sie in der Sackgasse des Versagens.

Lernen Sie von den Kindern. Spielerisch und häufig ungestüm packen sie neue Themen an. Sie gehen zwar oft ungeduldig an die Sache heran oder verbeißen sich darin, der Beste sein zu müssen.

Bei Schülern erlebe ich immer wieder, dass sie vor lauter Übereifer für eine Sache andere Fachgebiete vernachlässigen. Aber sobald ihr Interesse dafür erwacht, holen sie Versäumtes sehr schnell wieder auf.

Bleiben Sie als Erwachsener in Ihrem Geist und Lerneifer so beweglich wie die Kinder. Es ist alles nur eine Frage der Einstellung. Wer sich alt fühlt, ist auch alt – und umgekehrt. Wenn ein älterer Mensch sein Alter nicht als Defizit empfindet, bleibt für ihn alles möglich.

Die Filmemacherin Leni Riefenstahl hatte sich mit 95 Jahren in den Kopf gesetzt, einen Dokumentarfilm über die Unterwasserwelt zu drehen. Es war für sie selbstverständlich, zuvor das Tauchen mit einer Pressluftflasche zu erlernen. Ihrem Alter schenkte sie dabei keine Beachtung. Sie tat es einfach.

Auch John Glenn, der 1962 in der Raumkapsel „Friendship 7" als erster Amerikaner die Erde dreimal umrundet hatte, behielt zeitlebens seine geistige und körperliche Beweglichkeit. Sein Traum, noch einmal ins All zu fliegen, wurde 1998 wahr. Als 77-Jähriger startete er mit dem Spaceshuttle erneut in den Weltraum. Die Ärzte bescheinigten ihm nicht nur das Aussehen eines 66-Jährigen, sondern auch die Herzfunktion eines 33-Jährigen. Und nur, weil er sich auch so fühlte, konnte er mit knapp 80 Jahren in einen 40 Kilo schweren Druckanzug schlüpfen und die Strapazen eines neuntägigen Weltraumfluges problemlos überstehen.

Einmal besuchte eine 93-jährige Dame mein Seminar. Alles nahm sie sehr begeistert und hellwach auf und arbeitete intensiv mit. Auch nach dem Seminar rief sie mich regelmäßig an und erzählte mir voller Freude von ihren Erfolgen. Ihre längst erwachsenen Kinder, Enkel und Urenkel waren total begeistert von ihrer lebhaften und geistig hellwachen Mutter, Groß- und Urgroßmutter. Immer wieder strukturierte sie ihr Denken um, reiste couragiert zu meinen verschiedensten Seminarorten und erzählte mir sofort nach der Ankunft ihre meist sehr amüsanten Reiseerlebnisse. Sie durchbrach mit solcher Entschlossenheit immer wieder die Begrenzungen ihres Denkens und setzte dadurch mit viel Elan Neues in die Tat um. Sie blieb mit mir in Kontakt, bis sie mit 96 Jahren diese Welt verließ.

Ich will Ihnen mit diesen Beispielen aufzeigen, dass es nie zu spät ist, sein Leben zu verbessern und mehr zu erreichen. Wer nicht aus sich selbst heraus so motiviert ist wie Leni Riefenstahl oder John Glenn, kann es wie die alte Dame machen: Trainieren Sie durch Wiederholung der Seminare die Techniken der Silva-Methode. Durch diese Vertiefung beschleunigen Sie den Prozess, die angestrebten Ziele zu erreichen. Jeder noch so kleine Erfolg wird Ihnen Mut machen und Sie auf Ihrem Weg zu einem gesünderen und erfolgreicheren Leben bestärken.

Viele Menschen, die ein Silva-Seminar besuchen, wissen nicht, was sie in ihrem Leben erreichen wollen. Sie sind unschlüssig. Nur wenn Sie ein klares Ziel haben, entwickeln Sie das brennende Verlangen, dieses auch zu erreichen.
Lassen Sie sich drei Tage lang von mir auf Alpha führen und Sie werden die lehrreichsten Momente Ihres Lebens erleben. Sie erreichen durch die verschiedenen Techniken Zugang zu Ihrem inneren Wissen und sind motiviert, entsprechend zu handeln. Neue Wege werden sich Ihnen öffnen. In unserer heutigen Zeit ist das Umdenken ganz besonders wichtig, denn was Sie gestern gelernt haben, kann heute schon überholt sein. Sie müssen also flexibel sein, sozusagen am Ball bleiben, um ein erfolgreicher Mensch zu sein.

Das Gesetz von Ursache und Wirkung

Wie oft höre ich immer wieder in meinen Seminaren: „Würde mir mein Chef mehr Freiraum gewähren, würde ich mich mehr anstrengen." „Wenn ich die richtige Arbeit hätte,

könnte ich mich besser einbringen." „Hätte ich das nötige Geld, würde ich mein Leben vollkommen umkrempeln." „Wäre ich jünger, würde ich mir eine andere Stelle suchen." „Hätte ich keine Affäre mit meiner Sekretärin begonnen, wäre ich noch heute mit meiner Frau glücklich." „Wären meine Eltern strenger gewesen, wäre ich heute erfolgreicher." „Hätten meine Eltern mehr Verständnis für mich gehabt, wäre ich tüchtiger."
Merken Sie etwas? Sie können es drehen wie Sie wollen. Wer sich in solche Ausreden flüchtet und immer nur anderen Menschen oder Umständen die Schuld für seine Misere gibt, kommt in seinem Leben keinen Schritt weiter. Er begreift nicht, dass er allein die Macht hat, alles zu seinem Vorteil zu verändern. Er muss nur seine Einstellung korrigieren und sein Leben selbst in die Hand nehmen. Jeder hat nur dieses eine Leben und es ist zu kostbar, als dass man anderen Menschen erlauben könnte, darauf Einfluss zu nehmen.
Selbstwert heißt: Sie sind sich etwas wert. Wenn Sie also mit so einer aufrechten und klaren Haltung beispielsweise bei Ihrem Chef wegen einer anderer Position oder eines besseren Gehaltes vorsprechen, werden Sie über die positiven Ergebnisse erstaunt sein.
Leben Sie nicht nach dem Lustprinzip eines Menschen, der alles genießen will, sich selbst aber nichts wert ist. Finanzieren Sie keine Reise mit Ihrer Kreditkarte, wenn Sie das Geld dafür nicht auf dem Konto haben, nur um Ihren Selbstwert zu steigern. Gerade in der heutigen Zeit ist es besonders wichtig, erst zu verdienen und dann zu bezahlen. Machen Sie den Konsumterror nicht mit. Ersparen Sie sich das böse Erwachen eines überzogenen Kontos. Die Reise ist längst vorbei und Sie zahlen immer noch den Kredit ab. Das hebt Ihren Selbstwert keinesfalls.

Beherzigen Sie das Prinzip des Säens und Erntens. Geduld ist dabei eine wichtige Eigenschaft. Wenn Sie einen Samen säen, können Sie nicht schon morgen ernten. Es bedarf bestimmter, manchmal auch anstrengender Pflege, damit der Same gedeiht und zu einer kraftvollen Pflanze heranwächst. Und so pfleglich und geduldig müssen Sie auch mit dem Samen Ihres Wunsches umgehen, damit Sie ein positives Ergebnis erzielen.

Ich liebe Maiglöckchen. Um im Herbst eine Zwiebel in den Boden zu bringen, überlege ich erst, wo der richtige Platz ist. Denn Maiglöckchen mögen gerne Feuchtigkeit und auch ein wenig Schatten. Dann grabe ich die Erde auf und lege die Zwiebel hinein. Der erste Schritt war die Überlegung in meinem Denken und der zweite Schritt das Einpflanzen. Und jetzt beginnt die Pflege. Je nach Bodenbeschaffung muss ich die Erde täglich gießen und denke dabei immer wieder an das erfolgreiche Gedeihen dieses wunderschönen Maiglöckchens. Während des Winters und des darauf folgenden Frühjahrs muss ich mich gedulden. Erst dank der wärmenden Sonnenstrahlen im Mai zeigt sich mir das blühende Ergebnis.

Natürlich gedeiht nicht jede gesäte Pflanze. Das bedeutet im übertragenen Sinne für Ihr Leben, dass Sie durchaus einmal den einen oder anderen Rückschlag hinnehmen müssen. Es gibt keinen Erfolg ohne Misserfolg! Das geht jedem Menschen so. Es gibt wirklich keinen Grund, sich von Rückschlägen gleich entmutigen zu lassen. Menschen, die ihren Körper trainieren, die sich bewusst ernähren, die im Beruf ihr Bestes geben, die ihre familiären und freundschaftlichen Beziehungen pflegen, werden Sie selten unglücklich erleben. Indem Sie akzeptieren und anerkennen, dass sich Ihr Inneres im Außen spiegelt, wissen Sie, dass Sie niemals mehr Opfer widriger Umstände sind.

Wenn Sie sich in einer ruhigen Minute nach innen bewegen und Ihr Leben ehrlich und unvoreingenommen betrachten, werden Sie erkennen, dass Sie selbst an der Entstehungsgeschichte Ihres Lebens gearbeitet haben. Lernen Sie daraus und machen Sie sich keine Gedanken mehr darüber, ob die Gesetze des Universums auch für Ihre Nachbarn gelten. Beobachten Sie, wie das Gesetz von Ursache und Wirkung in Ihrem eigenen Leben wirkt – in Ihren Beziehungen, Ihren Erfolgen und Enttäuschungen und verbessern Sie diese. Suchen Sie keine Ausreden im Außen für unangenehme Situationen. Dem Universum sind diese egal. Es reagiert nicht mit Lob und Tadel. Sie selbst ziehen sowohl das eine als auch das andere an, je nachdem, wofür Sie sich entscheiden. Wie Sie in den Wald hineinrufen, so hallt es wider. Das klingt simpel, ist aber von ungeheurer Tragweite.
Lassen Sie die Wörter „wenn“ und „wäre“ weg. Davon können Sie weder eine Rechnung bezahlen noch sich etwas kaufen. Und Sie verfehlen mit hundertprozentiger Sicherheit Ihr Ziel.

Das Wichtigste für Ihren Erfolg sollte stets der Wunsch nach persönlichem Wachstum sein. Bewegen Sie sich auf dem falschen Weg, sendet Ihnen Ihr Bauchgehirn entsprechende Informationen. Sie haben vielleicht ein mulmiges Gefühl oder ein schlechtes Gewissen wegen dieser oder jener Sache. Sie erhalten immer eine Botschaft, Sie müssen dafür nur wach und aufnahmebereit sein.
Kleinere Missgeschicke können darauf hindeuten, dass Sie ein Bauchgefühl nicht wahrgenommen haben. Sollten Sie diese missachtet haben, folgen möglicherweise größere Misserfolge. Diese können sich in allen Bereichen auswirken: beziehungsmäßig, finanziell, beruflich und natürlich auch gesundheitlich. Nehmen Sie deshalb alle warnenden Hinweise in Ihrem

Leben so früh wie möglich wahr, damit es nicht zu krankheitsbildenden Manifestationen in Ihrem Körper kommt.
Wer seinen inneren Ratgeber missachtet – und das macht die Mehrheit der Menschen –, muss nicht selten schwerwiegende Folgen tragen und diese reparieren.
Befolgen Sie also das Gesetz von Ursache und Wirkung und verwenden Sie die Techniken der Silva-Methode für entsprechende Korrekturen. Sie sind in Einklang mit Ihrem Bauchgefühl, wenn Sie folgenden Grundsatz beherzigen: „Meine innere Stimme und mein Verstand sind im Dialog miteinander und ich kombiniere beide."

Frauen und Männer haben andere Kommunikationsmuster

Mit dem Thema Kommunikationsmuster hat sich die amerikanische Professorin für Linguistik, Deborah Tannen, eingehend beschäftigt. Sie beleuchtete sehr gut die unterschiedlichen Denkprozesse von Mann und Frau. Auf diese differenzierten Kommunikationsmuster möchte ich etwas näher eingehen. Denn wer diese kennt, kann sich besser verständigen und austauschen. Kulturelle Unterschiede in der Vergangenheit und völlig andere Sozialisierungsprozesse sind die Ursachen der klassischen Missverständnisse zwischen Frauen und Männern.
Frauen verwenden eine sogenannte Bindungs- und Intimitätssprache, die Nähe und Symmetrie herstellen soll. Demgegenüber haben Männer eine Status- und Unabhängigkeitssprache, durch die eine hierarchische, soziale Ordnung und Asymmetrie erzielt wird. Frauen wollen gemocht, Männer

wollen respektiert werden. Streitgespräche und Meinungsverschiedenheiten stellen für Frauen eine Bedrohung von Bindung, Intimität und Beziehung dar. Darum möchten sie Frieden stiften, suchen nach Übereinstimmung und wollen Konflikte neutralisieren.

Männer hingegen sehen in Konflikten ein notwendiges Mittel, um ihren Standpunkt und Status zu vertreten. Aggression unter Männern kann eine besondere Art von Respekterweisung sein und schließt Freundschaft keineswegs aus. Mit jemandem streiten zu können, gilt sogar als ein besonderes Zeichen von Intimität.

Die unterschiedlichen Verhaltensmechanismen von Mann und Frau sollten akzeptiert werden und nicht zu Vorurteilen führen, wie beispielsweise „typisch Mann" oder „typisch Frau". Oder zu falschen Schlüssen, wie „Du bist unlogisch, unsicher, egoistisch" oder „Du hörst nie zu, Du unterdrückst mich".

Frauen stellen häufig die Frage: „Bin ich hilfsbereit genug? Magst Du mich?" Männer fragen eher: „Habe ich gewonnen? Hast Du Respekt vor mir?"

Männer und Frauen hören auch unterschiedlich zu. Frauen signalisieren ihr Zuhören durch Fragen, Füllwörter, Zustimmung, Lachen, Nicken. Da Männern dieses Verhalten eher fremd ist, akzeptieren sie es weniger oder es stört sie sogar. Für die Frau ist das Zuhause ein Ort der Aussprache. Daher ist ihr Gesprächsbedürfnis zu Hause besonders groß. Dort kann sie mit den Menschen ihres Vertrauens frei und hemmungslos reden und sich innerlich finden. Oft bekommt dann der Mann zu hören: „Du hörst mir gar nicht zu!" In Wahrheit meint sie aber: „Du verstehst das, was ich sage, nicht so, wie ich es gemeint habe."

Frauen erwarten nicht nur von ihrem Partner, sondern auch von ihren Arbeitskollegen oder ihrem Chef ein Feedback.

Sie ringen um Aufmerksamkeit, erwarten Interesse für das, was sie reden und brauchen Bestätigung in jeder Hinsicht. Sonst fühlen sie sich schnell verlassen. Dann resignieren sie und schmollen: „Ich mache nur noch das Nötigste, alles andere wird sowieso nicht honoriert." Dabei geht es ihnen jedoch nicht so sehr ums Geld, sondern vielmehr um Lob und Anerkennung. Mit diesem Denken bringen sie sich schnell in eine Sackgasse.
Männer reagieren in der Arbeitswelt verhaltener. Sie sind nicht so schnell begeisterungsfähig und signalisieren eher Zweifel. Bei neuen Erkenntnissen werfen sie sofort ihre Bedenken in den Raum. Sie stellen aber auch gerne Behauptungen auf und lieben die Wettkampftaktik. Zu Hause sieht es oft völlig anders aus. Das ist für sie der Ort, um sich gehen zu lassen, befreit vom Druck, sich nicht ständig beweisen zu müssen – einfach einmal schweigen und relaxen. Privat wünschen sie keine Statusverhandlungen mehr. Frauen deuten dieses Schweigen oft falsch, fühlen sich verletzt, enttäuscht oder gar gekränkt.
In der Öffentlichkeit kehrt sich die Situation um: der wortreiche Mann und die schweigsame Frau. Männer halten oft lange Monologe und Vorträge, lenken die Gespräche auf sich. Sie spielen die Rolle des Lehrers, während die Frauen als Zuhörerinnen in die Rolle einer Schülerin gedrängt werden.

Machen Sie sich dieses Wissen zunutze und akzeptieren Sie wertfrei die geschlechtsspezifischen Kommunikationsmuster. Dann können Sie alte Vorurteile löschen, der Stachel der Aggression verliert sich, es kommt nicht mehr zu Missverständnissen und die Gespräche zwischen den Geschlechtern verlaufen friedlicher. Das ist vor allem in Beziehungen sehr hilfreich. Wenn die Partner ihr unterschiedliches Verhalten

kennen und annehmen, können sie sich wertschätzen und mit den ewigen Schuldzuweisungen aufhören.
In der Arbeitswelt ist es nicht anders. Wenn Sie dort genauso die Unterschiedlichkeit zwischen männlichem und weiblichem Verhalten berücksichtigen, werden Sie mit dem anderen Geschlecht sehr viel friedlicher zusammenarbeiten können als bisher. Und was für das Betriebsklima gut ist, ist auch gut für die Firma.

Glück ist keine Glückssache

Jeder Mensch möchte glücklich sein und das so lange wie möglich. Am liebsten für immer. Was bedeutet Glück für Sie? Die Lebensqualität muss stimmen, Sie wollen gut drauf sein, genießen persönlichen und geschäftlichen Erfolg, Sie haben genügend Geld und sind gesund. Dies bezeichne ich als „subjektives Wohlbefinden". Kann man Glück planen, herbeiführen oder zumindest anlocken? Ist das subjektive Wohlbefinden etwas so Individuelles, dass sich keine Gesetzmäßigkeiten davon ableiten lassen?
Für manche Menschen ist Glück das Intervall zwischen Zeiten des Unglücklichseins, das Nachlassen eines Schmerzes oder die Abwesenheit von Stress. Paradox wird es, wenn jemand das Suhlen im eigenen Unglück als Glück empfindet. Masochismus und Selbstmitleid sind zwar trübe Quellen für Glücksgefühle, aber sie existieren.
Mehrheitlich aber empfinden die Menschen Glück als ein positives Lebensgefühl. Ein großer Lottogewinn kann Ihr Lebensglück eine Weile positiv beeinflussen. Meist hält es allerdings nicht länger als ein Jahr an, dann ist das Geld

verbraucht und der alte Zustand wieder erreicht. Viele Studien belegen das.
Schließen Sie jetzt nicht daraus, dass es keinen Zusammenhang zwischen Wohlstand und Glück gibt. Aber Reichtum können Sie wirklich nur dann genießen, wenn Sie ihn selbst geschaffen haben. Auch wenn es banal klingt: Geld mag beruhigen, aber es macht nicht glücklich. Mit Geld und Reichtum verhält es sich wie mit der Gesundheit. Wenn man es hat, gewöhnt man sich sehr schnell daran. Es ist selbstverständlich geworden.
Nicht nur materieller Wohlstand, auch andere Lebensumstände, die Sie als Voraussetzung für Lebensglück ansehen, haben weniger Einfluss darauf als Sie denken. So wird der Zusammenhang von Intelligenz und Glück überschätzt, ebenso der von körperlicher Schönheit und Glück. Kluge, erfolgreiche und schöne Menschen werden beneidet. Sie mögen zwar einige Vorteile im Leben haben, glücklicher als der sogenannte Durchschnitt sind sie deswegen keineswegs.

Umgekehrt führen schwere Unglücke seelischer oder gesundheitlicher Art nicht unbedingt zu einem lebenslangen Unglücklichsein. Wenn nach einer gewissen Zeit Schmerz und Zorn aufgearbeitet sind und die Depressionen weichen, steigt in der Regel das Glücksempfinden wieder auf das ursprüngliche Niveau an. Glück hat also gar nichts mit dem zu tun, was von außen auf Sie zukommt. Das gibt Ihnen maximal eine kurze Befriedigung.
Auch Arbeit kann für viele Menschen eine Glücksquelle sein. Andere suchen nach dem Glück in der Freizeit. Der Glücksforscher Mihaly Csikszentmihalyi fand heraus, dass die meisten Glücksmomente am Arbeitsplatz erlebt werden. Die hochgeschätzte Freizeit ist für viele Menschen als Flucht

vor der Langeweile eher eine Quelle für Stress aufgrund enttäuschter Erwartungen.

Bewusst aktive Menschen sind glückliche Menschen. Sie sind in ihrem Tun so engagiert und involviert, dass sie einen Grad von Selbstvergessenheit erreichen, der sie in einen „Flow"-Zustand versetzt. Flow entsteht durch Tätigkeiten, bei denen der Mensch psychisch und physisch aufs Äußerste gefordert ist. Das Meistern solch anspruchsvoller Aufgaben erhöht in einem unglaublichen Maße das Selbstwertgefühl – es macht richtig glücklich!

Suchen Sie sich solche Herausforderungen im Leben, reizen Sie alle Ihre Talente und Fähigkeiten aus und Sie fühlen sich in mehrfacher Hinsicht glücklich. Indem Sie dabei all Ihre Energie aufbieten müssen, vergessen Sie Zeit und Raum. In dieser Konzentration sind Sie automatisch auf Alpha. Sie spüren keine Müdigkeit, Sie vergessen Ihre Alltagssorgen. Erst am Ende Ihres erfolgreichen Tuns lassen Sie alle Anspannung los und werden locker. Glückliche Menschen kennen das Geheimnis von Anspannung und Entspannung.

Die meisten Menschen wissen nicht, dass sie die Kraft in sich haben, ihr Leben bewusst zu gestalten. Sie können ihre Ziele und Wünsche deshalb nicht verwirklichen, weil sie nicht konkret wissen, was sie wollen und weil sie ihre Gedanken nicht beherrschen. Es fehlt ihnen an Disziplin und Konzentration. Wer das nicht übt und praktiziert, denkt chaotisch und widersprüchlich. Viele wissen hingegen, was alles in ihrem Leben nicht funktioniert und was sie nicht bekommen können. Sie richten ihre gesamte Energie in diese Richtung aus und erreichen damit nichts anderes, als diesen eigentlich unerwünschten Zustand.

Sie ernten dann genau das, was sie säen. Doch der Mensch hat in jedem Augenblick die freie Wahl, sich neu zu entscheiden. Es ist doch gerade die Entscheidungskraft, die ihn vom Tier abhebt. Jeder trägt diese grenzenlose Urkraft in sich. Setzen Sie die Kraft Ihres Fühlens und Denkens ein, um alles zu realisieren, was Sie sich unter Erfolg und Glück vorstellen.

Ein sehr erfolgreicher Trainer der Silva-Methode in den USA, der fünffache Doktor Wilfried Hahn, betonte immer wieder, dass er das Wichtigste für sein Leben weder in einer Schule noch auf einer Universität gelernt habe, sondern von José Silva: Schöpferkraft, Intuition, Selbstbewusstsein, Ziele entwickeln und erreichen! Das lernen Sie an keiner Universität. Aber genau diese Eigenschaften zeichnet erfolgreiche Menschen aus. Die Geschichte solcher Menschen belegt immer wieder, dass bei ihnen die Umstände keineswegs einfacher waren als bei anderen – sie sind nur anders damit umgegangen. Albert Einstein ist von der Schule geflogen, weil er zu faul und zu träge zum Lernen war. Welch ein Glück!

Vieles erreichen Sie deshalb nicht, weil Sie Ihre Vorstellungskraft und die damit verbundene Freude noch nicht deutlich genug spüren und Ihr Ziel nicht fokussieren. Ihre Gedankenkraft ist nicht auf Erfolg ausgerichtet. Sie verschwenden sie an Angst und Selbstzweifel. Lernen Sie, Ihre Bauchgefühle mit Ihren Gedanken zu kombinieren. Vertrauen Sie Ihrer Intuition. Sie sind der alleinige Produzent Ihrer Gefühle und Gedanken und damit Ihres Glücks und Erfolgs. Niemand muss verlieren. Das Universum hilft Ihnen, zu gewinnen. Ihr geistiges Potenzial ist noch längst nicht ausgeschöpft. Das ganze Leben ist Lernen. Lernen Sie, Ihrem Leben eine andere Richtung zu geben – hin zu Genuss, Freude, Gewinn, Erfolg und Glück. Der richtige Moment ist immer JETZT! Glück ist eine innere Einstellung. Und diese erlangen Sie nur, indem

Sie sich innerlich reinigen und von niederdrückendem Ballast befreien. Sie erleben dann Ihr subjektives Wohlbefinden und das bedeutet: Glück ist keine Glücksache.
Die Gedanken steuern Ihr Verhalten. Und vor der Materie steht immer zuerst der Gedanke. Lernen Sie, bewusst und diszipliniert damit umzugehen. Entscheidende Einsichten erhalten Sie intuitiv aus Ihrem Bauchgehirn. Das Beste in Ihnen schlummert noch. Wachen Sie auf und entwickeln Sie sich zu einem Genie. Machen Sie sich bewusst, dass die Gehirnmasse bei jedem gleich ist. Ein Gehirn wiegt durchschnittlich 1.500 Gramm. Von der Gehirnsubstanz her ist also kein Mensch benachteiligt. Der einzige Unterschied zwischen einem Durchschnittsmenschen und einem Genie besteht darin, dass das Genie mehr von seinen geistigen Fähigkeiten einsetzt.
Die meisten Menschen leben ihr Leben auf der Ebene der Re-Aktion. Nur wenige leben es auf der Ebene der Aktion. Wer agiert, entscheidet über sein Leben selbst. Er bestimmt sein Ziel, den Weg, die einzelnen Schritte und gestaltet bewusst seine Zukunft. So kommt er zu Selbst-Bewusst-Sein, zu einem Leben im Ein-Klang mit der Schöpfung.
Ich wünsche Ihnen, dass Sie nach der Lektüre dieses Buches Ihre Gedanken einer Generalüberholung unterziehen. Befreien Sie sich von allen einengenden Begrenzungen Ihres Denkens, damit Sie losgelöst von diesem alten Ballast Ihr Leben ab jetzt gesünder, erfolgreicher und glücklicher gestalten können.

Erlernen Sie den uneingeschränkten

Zugang zu all Ihren geistigen Potenzialen.

Das wünsche ich mir für Sie.

Ich bringe Sie gerne auf den Weg.

Vielleicht gelingt es mir bereits mit diesem Buch

oder Sie besuchen ein Silva-Seminar.

Register

SCH

ST

T

U

V

W

Z